LA SOCIÉTÉ DOPÉE

JEAN-FRANÇOIS BOURG
JEAN-JACQUES GOUGUET

LA SOCIÉTÉ DOPÉE

Peut-on lutter contre le dopage sportif dans une société de marché ?

Avec la collaboration de Caroline Benoist-Lucy

ÉDITIONS DU SEUIL
25, bd Romain-Rolland, Paris XIVe

OUVRAGE PUBLIÉ SOUS LA DIRECTION ÉDITORIALE
DE JACQUES GÉNÉREUX

ISBN 978-2-02-116196-0

www.seuil.com

À Catherine
Jean-François Bourg

Pour Alfred
Jean-Jacques Gouguet

Table des acronymes

ADAMS	Anti-Doping Administration and Management System
ADN	acide désoxyribonucléique
AFLD	Agence française de lutte contre le dopage
AMA	Agence mondiale antidopage (cf. WADA)
AMM	autorisation de mise sur le marché
ASO	Amaury Sport Organisation
ATP	Association of Tennis Professionals
AUT	autorisation d'usage à des fins thérapeutiques
BALCO	Bay Area Laboratory Co-Operative
CIO	Comité international olympique
CONI	Comité olympique national italien
DCI	dénomination commune internationale
EPO	érythropoïétine
FIFA	Fédération internationale de football association
FFR	Fédération française de rugby
ICSS	International Centre for Sport Security
INSERM	Institut national de la santé et de la recherche médicale
JO	jeux Olympiques
KGB	Komitet gossoudarstvennoï bezopasnosti. Comité pour la sécurité de l'État
MLB	Major League Baseball
NASA	National Aeronautics and Space Administration
NBIC	nanotechnologies, biotechnologies, informatique, cognitivisme

OICS	Organe international de contrôle des stupéfiants
OMC	Organisation mondiale du commerce
OMS	Organisation mondiale de la santé
ONU	Organisation des Nations unies
PGA	Professional Golfers Association
PIB	produit intérieur brut
ROC	Russian Organized Crime
SDJ	Société des journalistes
THC	tétrahydrocannabinol
THG	tétrahydrogestrinone
UCI	Union cycliste internationale
UNESCO	Organisation des Nations unies pour l'éducation, la science et la culture
USADA	United States Anti-Doping Agency
WADA	World Anti-Doping Agency (cf. AMA)

CHAPITRE 1

Sport, dopage et société

Le dopage sportif se définit comme l'ensemble des moyens utilisés par un athlète pour augmenter artificiellement sa performance à l'occasion d'une compétition. Cette définition très générale, communément admise par les autorités sportives pour justifier la réglementation du dopage, mérite un certain nombre d'explications.

Le fondement des pratiques de dopage est la recherche systématique de l'amélioration des performances humaines. Les sociétés occidentales modernes se sont constituées sur l'idée de progrès : cette doctrine recommande notamment l'amélioration permanente de la mise en valeur des ressources naturelles, des espèces animales, des espèces végétales et de l'espèce humaine. « Cette perspective que certains historiens ont appelé "mélioriste" se situe au cœur de notre modernité[1]. » Le sport, à sa manière, a concouru à cette vaste entreprise : dès le XIXe siècle, la pratique sportive vise à améliorer les individus au service de la défense de la Patrie, mais également au service de l'essor de la société industrielle. Il faut de bons

1. Jean-Noël Missa (2011), « Dopage, médecine d'amélioration et avenir du sport », *in* Jean-Noël Missa et Pascal Nouvel (2011), *Philosophie du dopage*, PUF, p. 6.

soldats pour défendre la Nation, et il faut des ouvriers disciplinés et en bonne santé pour développer l'industrie.

À partir du milieu du XXe siècle, la finalité de l'amélioration des performances humaines change radicalement. Il s'agit désormais de permettre à chacun d'augmenter ses performances dans le cadre d'une société de marché et de la compétition qui y règne. L'intégration de cette logique de marché par le milieu du sport impose à chacun de faire progresser ses performances, afin de survivre dans un univers concurrentiel : dès lors, le recours au dopage devient une tentation généralisée.

Les moyens utilisés par les athlètes pour se doper sont très nombreux et variés, et ont fait l'objet de multiples réglementations qui permettent d'encadrer les pratiques. Du point de vue des instances sportives, que ce soit au niveau national ou international, il y a dopage à partir du moment où un sportif utilise des substances ou des méthodes interdites dans l'intention d'améliorer ses résultats en compétition ou à l'entraînement. Ces substances comprennent notamment les stéroïdes anabolisants, les stimulants, les hormones, les diurétiques, les narcotiques. Les méthodes prohibées incluent par exemple la transfusion sanguine ou le dopage génétique, mais également le refus de se soumettre à un contrôle ou encore la tentative d'en fausser les résultats.

L'interdiction de recourir à ces produits et procédés divers a toujours été justifiée par les autorités sportives par la poursuite de deux objectifs essentiels : faire respecter l'éthique sportive et assurer l'intégrité physique et psychique de l'athlète. Sur le premier point, on considère en effet que la saine compétition repose avant tout sur l'égalité des chances, pour que se révèle avec authenticité la hiérarchie réelle des forces en présence, ce que l'on a appelé « la glorieuse incertitude du sport » ; or le dopage rompt l'équilibre compétitif au profit des tricheurs, ce qui est contraire à l'esprit sportif. En second lieu, l'acte de dopage fait peser des risques sérieux sur la santé des utilisateurs. Les taux de leucémie et de cancer de l'appareil digestif des footballeurs ayant évolué dans le championnat italien sont deux fois supérieurs à ceux observés dans l'ensemble de la population, selon une enquête ordonnée par la justice auprès de 24000 anciens joueurs professionnels de la seconde moitié du XXe siècle (*Le Monde*, 9 décembre 2003). De même, l'espérance de vie moyenne des joueurs de football américain ne dépasse pas 55 ans, soit près de vingt-cinq ans de moins que celle de la population des États-Unis. De plus, l'acte de dopage, comme dans le cas de la drogue ou de l'alcoolisme, peut déboucher sur des comportements d'addiction difficiles à soigner.

Sans nier la responsabilité individuelle de l'athlète, il ne faut pas faire l'erreur de considérer le dopage comme un problème purement individuel. C'est bien aujourd'hui un problème de société. De fait, c'est l'ensemble d'un système de tricherie organisée qui a été dévoilé à maintes reprises ces dernières décennies, avec ses filières d'approvisionnement, son financement, ses conséquences sur la santé des athlètes, son effet de distorsion sur les résultats sportifs. Année après année, les scandales se succèdent au point de susciter une accusation très grave: « Tous dopés ! » En outre, on pointe de plus en plus ouvertement le rôle des instances sportives, des sponsors et des médias diffuseurs dans la pérennisation de ces procédés illicites, en dépit des discours officiels toujours très volontaristes sur la nécessité de renforcer la lutte contre le dopage.

L'échec des politiques de lutte contre le dopage tient avant tout au fait que le sport est immergé dans une société qui promeut la recherche de la performance maximale. On le constate, la consommation de médicaments ou de drogues pour se surpasser intellectuellement ou physiquement déborde largement le cadre de la communauté sportive : cocaïne chez l'artiste, amphétamines chez l'étudiant, stimulants chez le manager, dopants militaires les plus sophistiqués chez les cosmonautes, sildénafil (la pilule Viagra[1]) chez l'homme désireux d'optimiser son activité sexuelle... On assiste ainsi à la banalisation de l'usage de béquilles chimiques. Pour chaque moment de la journée, il existe un produit adapté : au réveil, un cocktail vitaminé ou des anabolisants ; la journée, des stimulants ou des excitants ; le soir, des décontractants ou des anxiolytiques (Hautefeuille, 2009).

Dans ce contexte de dopage étendu à l'ensemble de la société, il est intéressant d'essayer de comprendre pourquoi le dopage dans le sport fait toujours l'objet d'un débat passionné. Pour certains, le dopage est un moyen parmi d'autres de « faire le métier » le mieux possible (Laure, 2004 ; Mondenard, 2000 ; Queval, 2004 ; Vigarello, 2002 ; Yonnet, 1998). Les multiples aveux de dopés traduisent cette conception. De plus, en dépit d'un discours officiel condamnant fermement le dopage, il faut bien reconnaître qu'une relative tolérance se développe à son égard. En effet, l'attente de performances athlétiques et de gains financiers par les instances sportives et les entreprises sponsors ainsi que la perception par le public du niveau exceptionnel des exigences du sport professionnel expliquent cette acceptation implicite du dopage. Pour ses détracteurs, le dopage sportif apparaît comme une tricherie, une atteinte à l'intégrité de la compétition, et il doit être systématiquement banni. C'est peut-être la raison pour laquelle on a assisté à une évolution du dopage sportif vers un très haut niveau

1. Conformément à l'usage, les médicaments figurant dans cet ouvrage sont désignés par leur dénomination commune internationale (DCI) ; les marques commerciales étant mentionnées à seule fin illustrative.

de sophistication technique. Cette instrumentalisation de la science et de la médecine pour améliorer encore la performance, mais de façon indécelable, est constitutive de la différence de nature entre le dopage amateur d'hier et le dopage professionnel d'aujourd'hui.

Si le mot *doping* n'apparaît qu'au XIXe siècle, pour donner en français « dopage », terme introduit dans le dictionnaire Larousse en 1907, la réalité de cette pratique est bien plus ancienne puisqu'elle concerne fondamentalement l'homme face à son ego et à la compétition. Dans les faits, le recours à des produits aux fins de performance s'étend sur une très longue période à l'échelle de l'humanité. Les substances dopantes se sont diversifiées au fil du temps (Mondenard, 2013). L'alcool, bien que prohibé, est fortement consommé lors des Jeux antiques. Aux Ve et VIe siècles avant notre ère, les athlètes consomment beaucoup de viande, conformément à la croyance selon laquelle les qualités d'un animal se transmettent à celui qui le mange. Par la suite, l'approche du dopage se fait plus scientifique. La première communication académique en langue française sur le dopage est présentée par le Dr William Marcet en 1887 ; elle s'intitule « De l'usage des stimulants alcooliques dans les courses de montagne[1] ». Puis, tout au long du XXe siècle, le dopage se manifeste essentiellement par l'utilisation de médicaments détournés de leur vocation thérapeutique. La médecine s'éloigne ainsi de sa vocation première qui est d'assurer la meilleure santé possible, pour se mettre au service de la performance dans une logique d'assistance au dépassement de soi.

Les exemples de ce détournement de la médecine sont très nombreux. L'éphédrine, qui soulage habituellement les crises d'asthme, facilite la mise en action du sprinter en réduisant

1. *L'Écho des Alpes*, 1887, 23, 13, p. 159-167.

son temps de réaction. Cet alcaloïde a permis à Ben Johnson de devenir champion du monde du 100 mètres en 1987 à Rome, en distançant Carl Lewis de 67 centièmes de seconde dès le coup de pistolet du starter. Un tel écart, impossible à combler par la suite, représente les deux tiers de son avance finale. L'hormone de croissance utilisée en pédiatrie accroît la masse musculaire de l'haltérophile. La fluoxétine (un anti-dépresseur plus connu sous sa dénomination commerciale Prozac) renforce la résistance à la souffrance du marathonien. L'érythropoïétine (EPO), qui sert à lutter contre l'anémie, augmente l'endurance du cycliste en stimulant le transport de l'oxygène dans le sang. Les médicaments prescrits pour la maladie d'Alzheimer accroissent la capacité du pilote de Formule 1 ou du joueur de golf à mémoriser les difficultés du circuit ou du parcours. Les bêtabloquants, auxquels on a recours contre l'hypertension artérielle, réduisent les tremblements du tireur. Les pilules antisommeil élèvent le niveau d'éveil et de vigilance des navigateurs de course à la voile.

Les progrès scientifiques permanents de la recherche médicale sont systématiquement expérimentés par les sportifs selon les besoins spécifiques liés à tel ou tel sport. Aussi le dopage affecte-t-il aujourd'hui toutes les disciplines, tous les niveaux de compétition, tous les âges et tous les pays, car l'offre de produits répond à tous les besoins et à tous les budgets. Selon des études médicales et des témoignages d'anciens champions ou entraîneurs, une très grande majorité des sportifs se dope (Sénat, 2013 ; Bourg, 2008). Le dopage s'est en effet largement propagé à partir des années 1990 sous la pression de quatre facteurs principaux : la croissance rapide du chiffre d'affaires mondial du secteur sportif (de l'ordre de 900 milliards d'euros en 2015) ; l'exaltation de la réussite individuelle dans le contexte contemporain d'une société de marché qui survalorise la compétition ; la forte évolution de la pharmacopée, avec une offre de plus en plus diversifiée de produits dopants, de substances masquant l'usage de ces derniers ou limitant leurs effets secondaires ; enfin, la distribution de médicaments par le biais d'internet, vecteur d'approvisionnement sans ordonnance, universel, discret et direct. La concomitance de ces quatre incitations majeures a favorisé le développement d'un marché illicite de produits dopants organisé en réseaux mafieux de grande dimension.

À l'échelle planétaire, en 2015, les flux financiers engendrés par le dopage sportif étaient supérieurs à 10 milliards d'euros. Ce montant provient de l'évaluation des achats de produits des sportifs ayant un statut professionnel, soit environ 240 000 consommateurs potentiels. Si l'on ajoute à ces derniers les sportifs amateurs participant à des compétitions nationales et internationales, soit entre 7 et 8 millions au minimum, les enjeux économiques de cette filière auraient dépassé les 30 milliards d'euros (Bourg et Gouguet, 2012).

Le dopage est ainsi devenu un enjeu majeur pour le secteur sportif, tant d'un point de vue économique que d'un point de vue éthique. En effet, les masses financières impliquées dans le dopage alimentent des réseaux clandestins qu'il sera de plus en plus difficile de combattre au fur et à mesure de l'extension de ce marché. En outre, le dopage ternit dangereusement l'image du sport-spectacle. La perte de confiance dans l'intégrité de la compétition entraîne un risque de désaffection du public, des sponsors, des mécènes, vis-à-vis d'une activité humaine censée être « saine », « éducative », et qui est strictement codifiée afin de permettre une confrontation loyale et une incertitude du résultat.

Face à un tel danger, notre essai veut rendre compte d'un certain nombre de controverses relatives à l'ampleur du dopage, à sa légitimité, à ses causes, à l'inefficacité des politiques visant à l'éradiquer. Ces controverses tiennent essentiellement à deux caractéristiques du dopage qui en rendent l'analyse objective très difficile. Il y a tout d'abord l'hypocrisie généralisée à l'égard du dopage (la loi du silence) ; de nombreux acteurs du monde sportif savent mais se taisent, et il faut toujours attendre les scandales – déclenchés le plus souvent sur dénonciation – pour en savoir un peu plus sur la réalité du dopage. Il y a ensuite la signification profonde de l'acte de dopage, lequel ne peut être réduit à un simple comportement déviant individuel. Le dopé doit davantage être considéré comme la victime d'une société productiviste qui instaure la performance comme but ultime.

Dans cet univers complexe et passionné, notre ambition est de répondre à trois questions fondamentales : quelles sont les causes profondes du dopage ? Pourquoi n'arrive-t-on pas à éradiquer ce fléau ? Que convient-il de faire ?

1. Pourquoi se dope-t-on ?

Selon de nombreux spécialistes, le dopage est aussi ancien que le sport. De tout temps, les compétiteurs ont cherché à augmenter leurs performances par des moyens artificiels. Il ne s'agit pas de nier cette réalité, mais il faut bien comprendre que, selon les époques, le sport n'a pas la même signification sociale. En conséquence, il est périlleux de comparer sans précaution les conduites dopantes dans les sociétés traditionnelles et les pratiques de dopage que l'on observe à l'heure actuelle dans un système libéral-productiviste.

Les travaux sociologiques et philosophiques établissent que le sport tel que nous le connaissons au XXIe siècle apparaît au XIXe siècle en Angleterre, berceau de la révolution industrielle. Ce pays codifie alors, puis exporte dans le monde entier, de nombreux jeux issus du Moyen Âge, en les adaptant aux valeurs de la société industrielle : la concurrence en tout premier lieu (Queval, 2004 ; Vigarello, 2002). Il n'y a donc pas continuité entre sports antiques et sports modernes : la première rupture majeure intervient vers 1850 et va entériner la séparation entre le sport et le jeu.

Par la suite, au XXe siècle, le basculement du sport professionnel dans la sphère du marché et la mobilisation permanente de la science pour améliorer la « productivité » athlétique marquent, durant les années 1980, la seconde rupture historique fondamentale. Dans ce contexte, le dopé ne se considère pas comme un déviant ou un tricheur, mais comme un individu qui suit l'impératif de la communauté sportive contemporaine : « Plus vite, plus haut, plus fort ! » De fait, le dopage est intrinsèquement lié à la recherche légitime de la performance. C'est un moyen normal de jouer le jeu, de respecter les codes et les usages du milieu sportif, qui valorise la culture de l'excellence et de l'accomplissement de soi. Voilà pourquoi les institutions sportives, publiques et médicales ont un comportement pour le moins ambivalent : d'un côté, elles punissent l'utilisation de dopants ; de l'autre, elles encouragent les sportifs à dépasser leurs limites physiologiques en pratiquant l'incitation financière à la perfection athlétique et l'assistance scientifique à la performance.

Le problème est de savoir de quel côté vont pencher les institutions sportives. Nous pensons pour notre part que l'incitation à la performance l'emporte et l'emportera toujours sur la répression de la tricherie. On pourrait multiplier les exemples de collusion des instances régulatrices et des tricheurs, le plus emblématique étant celui du soutien permanent témoigné par l'Union cycliste internationale (UCI) au champion Lance Armstrong. De façon générale, la réalité des complicités officielles apparaît à l'occasion des scandales récurrents dont les plus connus sont les affaires Festina (Tour de France 1998) et Juventus de

Turin (football italien, 1998), BALCO (athlétisme nord-américain, 2003), Puerto (cyclisme espagnol, 2006), ou encore les révélations sur le dopage en Allemagne de l'Est et de l'Ouest (à partir des années 1950). Les rapports de deux commissions « indépendantes » pour l'Agence mondiale antidopage (Pound *et al.*, 2015 ; McLaren, 2016a et 2016b) sur les pratiques de la Fédération internationale d'athlétisme et de l'État russe constatent un haut degré de collusion entre de multiples acteurs : athlètes, dirigeants sportifs, entraîneurs, laboratoires d'analyses, médecins, responsables politiques… L'objectif est toujours le même : produire des médailles. Toutes ces affaires confirment l'existence d'un dopage structurel.

Pour éviter d'être déconsidérées à mesure que les scandales s'accumulent, les autorités sportives rappellent énergiquement les vertus de la compétition et de la concurrence libre et non faussée. Bien sûr, dans l'esprit de tous, la compétition n'a de valeur que si les concurrents ont des capacités comparables, si les règles du jeu sont les mêmes pour tous, si tous les coups ne sont pas permis. Mais on sait que, dans les faits, tout cela est faux. Comme le rappelle Jacques Généreux (2011c), un patron moral sur un marché parfaitement concurrentiel est condamné à la faillite par l'immoralité de ses concurrents : si un compétiteur veut rester sur le marché, il faut qu'il se dope quand les autres le font. Dans une société de compétition, le dopage est inévitable.

2. Un dopage irréductible ?

Face à un phénomène de dopage de plus en plus visible et caractérisé par des scandales à répétition, les institutions sportives cherchent à dresser des contre-feux en donnant le spectacle d'une lutte acharnée contre ce fléau. Nous voudrions montrer, pour notre part, que les politiques antidopage sont non seulement inefficaces, mais également absurdes.

Inefficacité flagrante : la probabilité pour un sportif de se voir convaincre de dopage à la suite d'un contrôle, probabilité qui était déjà très faible avant la création de l'Agence mondiale antidopage (AMA) en 1999, n'a aucunement progressé par la suite, en dépit de l'accroissement du nombre de contrôles. On relevait en 1998 entre 1 et 2 % de tests anormaux sur 155 000 contrôles ; en 2014, le pourcentage est identique, avec 283 000 contrôles. Ces taux très faibles ne signifient pas pour autant que la quasi-totalité des athlètes soient effectivement irréprochables. Ils traduisent juste que, à partir des produits analysés ou analysables, il n'y a pas eu – ou seulement de façon marginale – de dopage avéré. « Depuis quarante ans, les sportifs prennent des substances que les laboratoires ne trouvent pas, et les laboratoires cherchent des substances que les sportifs ne prennent pas », explique le Dr de Mondenard[1]. Il y aurait au moins une centaine de produits indétectables en circulation dans le sport[2].

Pourquoi alors continuer la lutte contre le dopage, puisqu'elle obtient de si médiocres résultats ? La vraie raison de la répression est que le dopage avéré risquerait d'altérer l'image du spectacle sportif, ce qui pourrait d'avoir des répercussions fâcheuses sur les profits issus de celui-ci. Autrement dit, peu importe que la politique antidopage soit inefficace et coûteuse. Pour que le spectacle continue à rapporter de l'argent, la lutte doit être permanente et visible, quand bien même elle serait vouée à l'échec dans la mesure où elle encourage le recours aux produits non décelables. Il en résulte une course sans fin,

1. Sénat (2013), « L'efficacité de la lutte contre le dopage », t. I, p. 46.
2. *Sport et Vie*, n° 117, 2009, p. 32.

entre les gendarmes et les tricheurs, d'une part, et entre les tricheurs eux-mêmes, d'autre part, avec pour seul objectif réel le maintien de la crédibilité du sport et de sa valeur marchande.

Non seulement inefficace, la lutte contre le dopage est également absurde dans un monde de compétition généralisée. Le sport contemporain s'est construit dans le cadre du libéralisme, et il en connaît exactement les mêmes avatars. L'obligation de performance, la lutte de tous contre tous, la pression extrême sur l'individu pour gagner ont pour conséquences l'affairisme, la corruption ou la cybercriminalité. Il est demandé à l'athlète de se dépasser, de battre des records, de vaincre… et, dans le même temps, il faudrait lui interdire de recourir au dopage ? Que voilà une injonction paradoxale, dans un monde où la règle du jeu est de décrocher la victoire ou le record ! Le dopage et la préparation scientifique découlent logiquement de la recherche de la maximation de la performance et du profit. Ou alors, il faut abolir la compétition.

De plus, pourquoi le secteur sportif échapperait-il au dopage, alors même que son vocabulaire et ses finalités servent à qualifier les comportements des gagneurs dans le monde des affaires ? Le sport structure la société et lui sert de modèle de référence. Les injonctions sportives envahissent désormais l'école, l'entreprise, la fonction publique, la famille, la vie privée : il faut être un leader, un battant, devenir le plus fort. Dans cette perspective, le pire du dopage est peut-être à venir, avec l'avènement des biotechnologies.

Dans le sport, nous atteignons en effet les limites de la performance humaine possible. Grâce aux nouvelles technologies, le spectacle sportif va pouvoir continuer. Quelle attractivité aurait un spectacle sportif sans record nouveau ? La technoscience peut venir au service de l'amélioration de la performance humaine avec le génie cellulaire ou le génie génétique, les prothèses, les nanotechnologies, sans oublier l'amélioration des performances cognitives (chimie du cerveau, prothèses mentales, implants, modifications génétiques). Le dopage sportif pourrait devenir un vaste champ d'expérimentation humaine grandeur nature, où l'on préparerait l'homme nouveau de demain. Que dire d'une telle idéologie du progrès ? Comment analyser les ambiguïtés d'une médecine passée au service de l'amélioration de la performance ? Assiste-t-on à la fin de la distinction entre le naturel et l'artificiel ? Face à toutes ces questions qui peuvent être angoissantes, des débats se tiennent autour des solutions les plus efficaces contre le dopage.

3. Que faire ?

Si la lutte contre le dopage dans un système libéral-productiviste est inefficace et absurde, une solution alternative pourrait consister à proposer une régulation du dopage sous contrôle médical. La question est de savoir si, en dépit d'avantages évidents, une telle régulation constitue véritablement une solution acceptable.

Le premier avantage de l'accompagnement médical du dopage se déduit empiriquement de l'échec des politiques de prohibition dans d'autres secteurs : alcool, drogue, chasse d'animaux sauvages, prostitution. De plus en plus de voix s'élèvent pour demander la libéralisation de ces activités et éviter ainsi des trafics qui alimentent toutes sortes de mafias dans le monde. Une politique d'accompagnement pourrait s'avérer plus efficace que la simple répression. En matière de dopage, que les politiques répressives n'arrivent pas à éradiquer, il vaudrait mieux chercher à soigner les dopés qui, de surcroît, sont davantage victimes que coupables d'un système.

L'accompagnement médical du dopage aurait pour deuxième

avantage de faire sortir ce fléau de la clandestinité, ce qui permettrait une meilleure préservation de la santé des athlètes. En effet, les sportifs peuvent mettre leur santé en péril en achetant des produits nouveaux présentés comme miraculeux, mais dont ils ne connaissent ni la nature exacte ni les propriétés et effets à long terme. Sortir le dopage de la clandestinité, réaliser des études de danger et mettre en place un suivi médical et scientifique permettraient de développer un savoir et une épidémiologie bénéfiques à toute la société.

Le troisième avantage que nous verrions à la régulation du dopage serait de relancer un vrai débat autour de l'éthique sportive et de la conception qu'on peut avoir de la pratique sportive. Il faudrait régler en particulier la question fondamentale de l'égalité des chances dans le sport. Le résultat de toute confrontation sportive ne fait qu'entériner l'existence d'inégalités naturelles. Certains athlètes se sont trouvés favorisés par la nature du fait d'une prédisposition génétique ou d'un don particulier. Pourrait-on alors défendre l'idée selon laquelle le dopage rétablit l'égalité des chances entre des individus inégalement dotés par la nature ? Et, le cas échéant, jusqu'où pourrait-on aller dans cette voie ?

Les partisans d'une politique de répression dénoncent, quant à eux, un certain nombre d'effets pervers de la politique de régulation. Tout d'abord, les athlètes refusant de se doper seraient de fait exclus de la compétition. Or il est difficilement admissible que des athlètes désireux de rester « propres » soient condamnés à se doper s'ils veulent avoir quelque chance de se distinguer dans l'épreuve, ou qu'ils doivent renoncer à concourir pour ne pas faire de la simple figuration. Il y a ensuite un risque considérable de renforcer la course à la performance. L'être humain pourrait finir par devenir une machine à battre des records.

En effet, la raison d'être du dopage, à savoir la recherche de la performance maximale, n'est pas du tout remise en cause par l'accompagnement médicalisé, bien au contraire. Il est alors permis de se demander si la seule vraie solution au fléau du dopage ne résiderait pas dans la recherche d'un nouveau modèle d'organisation sociale qui ne reposerait plus exclusivement sur la compétition et la lutte de tous contre tous.

Bon nombre d'experts s'accordent aujourd'hui à reconnaître que le modèle libéral-productiviste est dans une impasse, tant d'un point de vue économique (crise économique et financière), que social (explosion des inégalités) et environnemental (dégradation généralisée de la planète). Il est urgent de trouver une alternative sociale au libéral-productivisme, ou tout au moins, dans un premier temps, de penser une transition. Notre modèle économique est condamné par la contrainte écologique s'il se généralise à la planète entière. À l'inverse, nous avons un modèle alternatif en émergence (les appellations sont nombreuses), qui n'est pas encore complètement défini, mais dont la mise en œuvre est plus qu'urgente pour répondre aux menaces actuelles (réchauffement climatique, réduction de la biodiversité…) et au risque d'atteindre des seuils d'irréversibilité.

Ce nouveau modèle reposerait sur des valeurs bien différentes de celles du productivisme. Un certain nombre d'auteurs alternatifs préconisent par exemple la coopération, le partage, l'usage plutôt que la propriété, la gratuité, la relocalisation de l'économie, la libération du temps contraint par le travail. Dans un tel modèle, quelle serait la place du sport ? Assisterait-on à une transformation de la pratique sportive et du spectacle sportif ? Verrait-on le sport se muer en jeu ? Serait-ce la fin de la compétition, et donc du dopage ? C'est à ces questions de fond qu'il va falloir tenter de répondre.

CHAPITRE 2

Sport, dopage et modernité

L'exploit athlétique et le défi physique suscitent l'admiration. La morphologie exceptionnelle du sportif fascine. Le champion accomplit une prestation symbolique et idéalisée puisqu'il représente ce qui dépasse nos capacités ordinaires. Sa réussite résulte autant d'un travail intense que d'un talent inné. Pour pouvoir espérer devenir le meilleur, le sportif doit être physiologiquement et techniquement programmé pour gagner, et ce, très jeune. La nageuse australienne Shane Gould est une pionnière du genre ; dans les années 1990, elle débute dans les bassins à l'âge de 3 ans, parcourant 7 kilomètres par jour à 10 ans, puis 15 kilomètres à 15 ans. Cet entraînement aussi intensif que précoce modèle les corps en fonction des spécificités des différentes disciplines, chacune requérant des qualités particulières : le gabarit du nageur n'est pas celui du marathonien, ni celui du gymnaste ou du sprinter. Les aptitudes du corps sont certes le fruit d'un héritage génétique, mais également ceux d'une préparation spécifique, d'une technique éprouvée, d'un régime alimentaire strict, d'un accompagnement scientifique. Ce corps manipulé est mis au service du spectacle sportif, qui devient un art total, où le dépassement des limites impose la perfection du geste. Gagner un centimètre ou un centième de seconde constitue une quête qui fait vibrer les foules. De fait, l'objet du sport de haut niveau est une recherche permanente de performance, sa valeur médiatique et publicitaire étant estimée à la seule aune des exploits accomplis.

Dans cette perspective, le sport et la science ont été associés pour le meilleur et pour le pire. Stimulée par des enjeux économiques considérables, la concurrence est intense au sein de l'industrie du dopage (médecine, pharmacie, etc.) pour influer sur tous les paramètres qui déterminent le niveau de la performance. Aussi l'objet de ce chapitre est-il double : retracer l'histoire des conduites dopantes (méthodes, buts, effets), à travers le dialogue multiséculaire entre le muscle, la technologie et la chimie ; analyser les interactions complexes, mais directes, entre sport et dopage, à travers la médicalisation de la performance et la criminalisation de l'économie du sport.

1. Le muscle, la machine et l'innovation

On considère généralement que le record du monde exprime la valeur suprême des capacités physiologiques humaines, cela dans les disciplines qui s'y prêtent (athlétisme, cyclisme, natation, etc.). Sur la longue période, soit à partir des premiers Jeux olympiques (JO, 1896) et jusqu'aux JO de 2016, le record du monde de l'heure cycliste a été amélioré de 16,31 kilomètres (passant de 38,22 à 54,53 km/h), celui du saut à la perche de 2,55 mètres (de 3,61 m à 6,16 m) et celui du saut en longueur de 1,75 mètre (de 7,21 m à 8,96 m). Le meilleur sprinter sur 100 mètres en 1896 finirait à 11 mètres de Usain Bolt et serait devancé par des milliers d'athlètes actuels. Le temps réalisé par le premier champion olympique du 100 mètres nage libre le reléguerait, un siècle plus tard, à plus de 50 mètres du vainqueur de l'épreuve aux JO de Rio en 2016.

Vers la fin des records ?

Mais du fait de la mise en œuvre, depuis quatre décennies, d'une véritable préparation des sportifs (préparation technologique, logistique, diététique, etc.), on observe une stagnation des meilleures performances mondiales depuis une vingtaine d'années. Les moyens considérables engagés dans le sport de haut niveau ont désormais permis d'étudier et d'optimiser les gestes et techniques des athlètes dans pratiquement toutes les disciplines. Si l'on découpe l'histoire des records contemporains en deux périodes d'égale durée (quarante-six ans chacune, en excluant les douze années des deux guerres mondiales), c'est-à-dire si l'on considère la période 1912-1969, puis la période 1970-2015, l'amélioration des performances dans les épreuves majeures de trois sports de base (athlétisme, cyclisme, natation) oscille entre 15 et 40 % durant la première phase, entre 0 et 15 % durant la seconde. Plus de 75 % des records du monde en athlétisme ont une ancienneté moyenne de seize ans au 31 décembre 2015. Dates des derniers records dans les disciplines les plus marquantes : 1986 pour les lancers du disque et du marteau, 1990 pour le poids, 1996 pour le javelot ; 1991 pour le saut en longueur, 1993 pour la hauteur, 1995 pour le triple saut. Selon une étude portant sur 3 263 records du monde établis entre 1896 et 2007 dans cinq sports mesurables (athlétisme, cyclisme sur piste, haltérophilie, natation, patinage de vitesse) et 147 épreuves olympiques, les records plafonnent depuis 1992 (Berthelot *et al.*, 2007). À partir d'un modèle mathématique élaboré par ces chercheurs, il a été calculé, pour ces mêmes disciplines, que 75 % des capacités physiques et physiologiques humaines étaient atteints en 1896 et… 99 % en 2007 ! Toutes choses égales par ailleurs, il apparaît que la moitié des records du monde ne seraient plus améliorables de façon significative à partir de 2027. De plus, des biomécaniciens et des traumatologues du sport ont calculé les seuils atteignables par un athlète professionnel : 9 mètres au saut en longueur, soit 4 centimètres de plus que le record actuel ; 2,50 mètres au saut en hauteur, soit 5 centimètres de plus que le record actuel. Les os et les tendons ne résisteraient pas au-delà. Par exemple, le col du fémur se briserait lors de la réception à la suite de l'impact d'un saut en longueur supérieur à 9 mètres.

Les progressions s'amenuisent, s'espacent ou s'interrompent. L'industrie du spectacle sportif, avec les importants enjeux financiers associés à ces exploits, peut-elle se satisfaire de voir tenue en échec cette quête sans fin de la performance ? Face à une telle impasse, que devient la motivation du sportif qui souhaite marquer l'histoire de son empreinte ? Faudra-t-il un jour estimer la performance au millième de seconde, ou au millimètre ? Devra-t-on introduire de nouvelles règles pour relancer la compétition, ou créer de nouvelles disciplines non directement liées à la performance mesurable ? Le positivisme triomphant de la fin du XIXe siècle avait inspiré le baron Pierre de Coubertin, concepteur de la renaissance olympique. Mais les limites de la progression physiologique humaine peuvent-elles avoir pour conséquence l'abandon de l'impératif *citius, altius, fortius* (plus vite, plus haut, plus fort), ou encore la transformation de la devise olympique en *sanius* afin de promouvoir les bienfaits de l'activité physique ? Le souci d'accroître la fréquence des performances afin d'alimenter le sport business pourrait bien l'emporter et, ce faisant, amplifier encore le recours à la technologie et à la médicalisation de la performance.

La technologie au service de la doctrine du sport « citius, altius, fortius »

Les JO de 1968 ont marqué une rupture avec l'empirisme des éditions précédentes. En effet, la course aux médailles s'y inscrit dans un contexte de compétition scientifique, le choix de Mexico ayant justifié la mobilisation de nouveaux champs disciplinaires (physiologie, ergonomie, biomécanique, psychologie, diététique, informatique) pour optimiser les confrontations en altitude (2 277 m) et à des températures estivales très élevées. De fait, ces Jeux sont d'un niveau inédit avec, sur les 36 épreuves d'athlétisme disputées, 15 records du monde – contre 5 seulement aux JO de 2008, 4 aux JO de 2012 et 2 aux JO de 2016. Citons notamment Bob Beamon, avec un saut en longueur de 8,90 mètres qui est demeuré inégalé pendant vingt-trois ans ; ou Lee Evans, avec un temps de 43,86 secondes au 400 mètres, record amélioré vingt ans plus tard seulement ; ou encore Jim Hines, avec un chronomètre de 9,95 secondes au 100 mètres, qui est resté au sommet de la hiérarchie pendant quinze ans. Il est vrai que, pour la première fois, la piste de Mexico est en tartan et non en cendrée, d'où un gain d'un dixième de seconde lié à la meilleure accroche des pointes et à l'effet rebond du revêtement synthétique pour les sauts.

À partir des années 1960, des améliorations sont également apportées aux bassins de natation. Ceux-ci ont maintenant une profondeur constante, afin d'éviter les ondes de choc créées par le dénivelé, lesquelles se répercutent sur les mouvements des nageurs. L'eau elle-même subit un traitement chimique particulier : on modifie son taux d'acidité (pH) pour augmenter la fluidité, et donc la rapidité. Par la suite, les performances en natation vont progresser dans leur quasi-totalité en 2008 et 2009, du fait de l'introduction de plusieurs générations de combinaisons conçues avec le concours d'ingénieurs de la NASA. Le champion Ian Thorpe utilise un premier type de combinaison constitué d'un tissu flexible hydrophobe soudé aux ultrasons et moulé pour comprimer le corps. Michael Phelps, lui, nage avec un second type de combinaison, composé de plaques de polyuréthane. Avec une diminution de 4 à 5 % des temps enregistrés, soit un gain de 2 secondes environ pour une course de 50 secondes, il n'est pas surprenant que, lors des JO de Pékin en 2008, 25 records du monde aient été battus, et que 94 % des médailles aient été conquises par des nageurs portant de telles combinaisons. De fait, à la suite de l'interdiction de celles-ci en 2010 par le Comité international olympique (CIO) pour concurrence déloyale, le nombre de records du monde établis lors des JO de 2012 a été de huit, et celui des JO de 2016, de sept seulement.

De nouveaux matériaux utilisés dans la production des articles de sport ont également modifié les performances. Avec les perches en bambou, le record du monde passe de 3,61 mètres en 1896 à 4,77 mètres en 1942, ce qui correspond à une progression de 116 centimètres en quarante-six ans. Avec les perches en acier suédois, la barre ne s'élève que de 3 centimètres en dix-huit ans (de 1942 à 1960). Grâce aux perches en fibre de verre, plus résistantes et plus légères, le record du monde est porté à 6,16 mètres en 2014, soit un gain de 136 centimètres en cinquante-quatre ans (de 1960 à 2014). Ce record est le fruit des avancées technologiques issues des recherches menées dans le champ de l'aéronautique et de la balistique pour améliorer le rapport entre élasticité et poids des perches. De même, sans ses chaussures à coussins d'air comportant trois semelles synthétiques qui amortissent les vibrations, Carl Lewis n'aurait pu, malgré son talent, battre en 1991 le record du monde du 100 mètres en 9,86 secondes.

En effet, à chaque foulée, le pied du sprinter encaissait un impact équivalant à trois fois son poids. De plus, sous le talon, un coussin d'air absorbait les chocs, et une lame en fibres de carbone faisait office de ressort. À titre de comparaison, Jesse Owens, vainqueur du 100 mètres aux Jeux de 1936 en 10,3 secondes, avait couru avec des chaussures en cuir, sans starting-blocks, se calant les pieds lors du départ en creusant un trou dans la piste en cendrée (mélange de terre et de cendres broyées).

Le cyclisme, quant à lui, a évolué au rythme des multiples innovations dont il a bénéficié : 1880, roue arrière propulsive avec transmission par chaîne ; 1905, dérailleur (interdit jusqu'en 1920 sur le Tour de France, car l'accessoire substituait la ruse à la force) ; 1979, vélo profilé et aérodynamique ; 1984, vélo Delta avec le guidon en forme d'aile d'avion, casque profilé avec aileron à l'arrière ; 1985, roues lenticulaires légèrement convexes (gain de puissance lié à l'aérodynamique améliorée) ; 1986, appui lombaire sur la selle (diminution de la dépense énergétique en soulageant la masse musculaire) ; 1991, roues à bâtons (suppression totale des turbulences créées par le croisement des rayons) ; fin des années 1990, casque équipé d'un émetteur pour communiquer avec le directeur sportif à propos de la tactique de course, et guidon avec tableau de bord où sont stockées et transmises des données physiques et physiologiques sur le potentiel et les réserves du coureur. Faute de disposer de toutes ces applications technologiques à l'époque où il était coureur professionnel, James Moore a gagné la course Paris-Rouen en 1869 à une vitesse moyenne de 12 km/h ; quant au premier vainqueur du Tour de France, en 1903, il s'est contenté d'une moyenne de 25,5 km/h, loin des maillots jaunes de ces dernières années, qui le surpassent largement à 40 km/h de moyenne.

2. Le muscle et la chimie : un dialogue ancestral

Cinq mille ans avant notre ère, les Chinois mâchaient des brins d'éphédra pour « faire face » aux multiples conflits guerriers entre tribus. Sept mille ans plus tard, les sportifs ont recours au dopage pour « faire le métier ». Entre ces deux périodes, afin d'essayer de relever d'éternels défis, l'être humain a eu recours à des potions et des méthodes associées à divers effets allégués et recherchés (Mondenard, 2013, p. 216). Afin de présenter l'évolution des conduites dopantes, nous identifierons quatre périodes de durées très différentes (Laure, 2004, p. 3-120) : l'âge de pierre (des premières traces de consommation de substances dopantes plusieurs millénaires avant notre ère jusqu'à l'aube du XIXe siècle), l'âge des premières expérimentations (du début du XIXe siècle aux années 1960), l'âge de déraison de la spécialisation (1960-1995), l'âge de la biotechnologie détournée (à partir du milieu des années 1990).

L'âge de pierre (de -5000 à 1800)

Dès l'origine, pour survivre, l'homme a été confronté aux réalités de la chasse et de la guerre. Il a directement perçu la nécessité d'être fort – si possible, le plus fort – face à l'animal ou face au rival (Mondenard, 2000, p. 5-27). De fait, l'éducation du corps a fait partie intégrante de la plupart des cultures anciennes à travers le monde. Pour ces chasseurs et ces guerriers, puis pour les premiers champions des Jeux antiques, le problème ne s'est jamais posé en termes de « dopage ». Peu importaient les moyens, l'essentiel était de vaincre. Spontanément et sur tous les continents, l'homme a d'abord puisé toutes ses ressources dans la nature : éphédra et ginseng en Asie ; coca, maté ou guarana en Amérique du Sud ; noix de kola, khat ou racine d'iboga en Afrique ; chanvre ou noix de bétel en Océanie ; mandragore, noix vomique ou café en Europe (Laure, 2004, p. 5 et suiv.). Le recours à ces produits s'explique par leurs deux caractéristiques communes : leur pouvoir stimulant et leur disponibilité immédiate dans le monde végétal.

De l'an 5000 à l'an 3000 avant notre ère environ, la prise de feuilles d'éphédra constitue la première trace connue de conduite dopante. Cette plante sert à rester éveillé, à accroître la force, la résistance cardiaque et la pression sanguine. En -2500, les Indiens d'Amérique mastiquent quotidiennement des feuilles de coca pour accomplir de longs parcours à la marche, y compris en altitude, sans être gênés par la sensation de soif, de faim, de manque d'oxygène ou d'épuisement. À partir de l'an -1500, l'alcool est considéré comme un euphorisant ou un stimulant, selon la dose absorbée. Lors des Jeux antiques, de l'an -776 à l'an 393 de notre ère, les gains matériels (l'argent) et symboliques (statues à Zeus célébrant le vainqueur) deviennent des enjeux de plus en plus convoités par les athlètes, au-delà de la compétition avec soi-même et avec les autres. De vives surenchères entre cités pour enrôler les meilleurs débouchent sur une sorte de professionnalisation des compétiteurs. Au VIIIe siècle avant notre ère, les athlètes se frictionnent le corps avec de la graisse d'ours des Carpates et mangent des testicules d'âne pour augmenter leur force et leur rapidité. Milon de Crotone, au VIe siècle, raconte, dans ses chroniques sur les Jeux antiques, comment les athlètes essaient d'augmenter leur potentiel en absorbant des quantités considérables de viande. Selon le principe de consubstantialité en vertu duquel on est persuadé d'acquérir les qualités de l'animal que l'on consomme, les lutteurs absorbent de la viande de porc gras, les lanceurs, de la viande de taureau, et les sauteurs, de la viande de chèvre. Au Vᵉ siècle avant notre ère, le fait de boire le lait maternel de nourrices est perçu comme un facteur de croissance. Au IVᵉ siècle avant notre ère, lors des courses de char, les chevaux eux aussi sont dopés, à l'hydromel. Au IIIᵉ siècle av. J.-C., l'opium sous forme de jus de pavot (euphorisant et antalgique), les sabots d'âne pilés et les grains de sésame (stimulants) sont utilisés. Au Iᵉʳ siècle de notre ère, les aphrodisiaques sont répandus (stimulants) comme, vingt siècles plus tard, la pilule Viagra l'est aussi en alpinisme, aux courses hippiques, en cyclisme, marathon et ski de fond, car elle améliore la fonction respiratoire et accélère l'adaptation à l'altitude (Mondenard, 2013, p. 215-216).

Pendant de très nombreux siècles, ces méthodes « dopantes » vont perdurer, jusqu'à l'émergence du sport moderne.

L'âge des premières expérimentations (de 1800 à 1960)

Une deuxième période s'ouvre au début du XIXᵉ siècle : c'est un changement d'ère, pour le sport comme pour la science. Les progrès réalisés dans le domaine scientifique vont en effet favoriser l'essor de produits consommés en vue de la performance sportive. Les avancées de la chimie et de la médecine engendrent une longue période d'empirisme jusqu'à la fin des années 1950. Dès le milieu du XIXᵉ siècle, plus de 70 000 médicaments sont en vente libre dans des officines occidentales, et les premiers groupes pharmaceutiques apparaissent : Sandoz en Suisse, Hoffman-La Roche, Bayer et Hoechst en Allemagne, Poulenc en France. Toute substance supposée améliorer le potentiel physique est immédiatement testée comme dopant (Laure, 2004). À l'aube du XIXᵉ siècle, on parvient à extraire, synthétiser et fabriquer de façon industrielle les principes actifs de plantes aux vertus stimulantes (l'éphédrine à partir de l'éphédra, la cocaïne à partir de feuilles de coca). La fabrication sous forme de médicaments permet de moduler précisément les doses, ce qui facilite l'emploi de ces plantes par rapport aux techniques de macération ou décoction jusqu'alors utilisées. De plus, en intervenant directement sur les molécules, les chercheurs les modifient pour créer des substances artificielles, telles que les amphétamines ou certaines hormones stéroïdes. De 1850 à 1960, le mode d'action des nouveaux dopants concerne essentiellement leurs effets stimulants, euphorisants et antidouleur. À cette démultiplication des possibilités de dopage s'est ajoutée une totale impunité des sportifs dopés durant un siècle et demi au moins. En effet, la pratique du dopage chimique (début du XIXe) est bien antérieure à son interdiction et à son dépistage biologique (dans les années 1960, et encore, uniquement pour certains produits).

Les dates des premières utilisations sportives de chaque substance témoignent de la diversité de ces expérimentations, diversité liée aux progrès constants de la pharmacologie (Laure, 2004 ; Mondenard, 1996, 2004) : opium (1807), éther (1860), cocaïne (1863), alcool (1881, Suzanne Lenglen remporte le tournoi de Wimbledon en buvant du cognac sur le court central en 1919), ammoniaque (1891), cannabis (1898), arsenic (utilisé seul en 1899, puis avec morphine, héroïne, cocaïne et strychnine en une potion préparée initialement pour les chevaux de course et transposée de façon non clandestine aux coureurs cyclistes des Six Jours ou du Tour de France qui en détaillent le contenu à Albert Londres en 1924), oxygène (1903), strychnine (le vainqueur du marathon olympique en 1904, Thomas Hicks, se fait injecter par son entraîneur pendant la compétition de fortes doses de sulfate de strychnine pour surmonter plusieurs défaillances. Nul ne s'en indigne à l'arrivée, et le rapport officiel remis au CIO souligne l'utilité des drogues lors de ce type d'épreuve (Mondenard,

2004, p. 1035-1036) : morphine (à l'origine du premier cas de décès pour dopage après la course Bordeaux-Paris en 1896), hypnose (1911), héroïne (1912), alcalins (Johnny Weissmuller, futur interprète de Tarzan au cinéma, consomme des alcalins, dont le bicarbonate de sodium, pour acidifier le moins possible ses tissus et battre le record du monde du 300 mètres nage libre en 1925), amphétamines et tranquillisants (1936), ginseng (1948), cortisone et stéroïdes anabolisants (1958), testostérone (le médecin d'Andres Gimeno annonce que le joueur de tennis espagnol a gagné la coupe Davis en 1959 grâce à des doses massives de testostérone). Une impunité totale caractérise tous ces exemples de dopage ; en effet, les premiers contrôles antidopage n'apparaîtront qu'à la fin des années 1960.

Les amphétamines connaissent un grand succès, du fait de leurs vertus confirmées de stimulation du système nerveux central (antifatigue, réduction des besoins en sommeil, bien-être, confiance, volonté, vigilance). Au point qu'un quotidien britannique titre « La méthédrine a gagné la bataille de Londres », pour saluer la performance des pilotes de la Royal Air Force lors de la Seconde Guerre mondiale ! Aussi les amphétamines, fortes d'une réputation d'efficacité absolue, constituent-elles les produits vedettes durant plusieurs décennies. Selon un rapport officiel de la Société des Nations publié en 1939, elles améliorent de 30 % la capacité de travail d'un sujet somnolent ou fatigué. Comment, dès lors, être surpris qu'elles se propagent à l'ensemble de la société ? Par exemple, si Fausto Coppi bat le record de l'heure cycliste de 31 mètres en 1942 grâce à des amphétamines, Jean-Paul Sartre, lui, prend chaque jour des comprimés de Corydrane.

L'âge de déraison de la spécialisation (de 1960 à 1995)

Lors de cette troisième période, on assiste à un développement massif des conduites dopantes. Le primat de la logique économique productiviste s'impose et se combine à l'idée de la réversibilité des processus de vieillissement. On observe une concordance croissante entre la médecine « anti-âge » pour seniors fortunés et celle pour sportifs de haut niveau : recherche d'aides extérieures permettant de dépasser les limites physiologiques ; préférence pour le présent conduisant l'ensemble des acteurs à minimiser les dangers de ces thérapies pour la santé à moyen ou long terme ; similitude des produits utilisés (hormone de croissance, testostérone, stéroïdes anabolisants). De nombreuses sources témoignent qu'en dehors du sport des personnalités célèbres du XXe siècle ont recours à de tels artifices : dans le monde politique par exemple (Indira Gandhi, Mao Zedong, Nikita Khrouchtchev, John Fitzgerald Kennedy, Winston Churchill, Charles de Gaulle...), ou encore dans les milieux artistiques et culturels (Marlène Dietrich, Charlie Chaplin, Kirk Douglas, Salvador Dali, Pablo Picasso...)[1].

Rapidement, ces pratiques, parce que répréhensibles, deviennent secrètes dans le sport. Le dopage passe insensiblement du stade artisanal au stade industriel, les dopés et les dopeurs utilisent les innovations du secteur pharmacoscientifique en détournant celui-ci de sa vocation. De plus en plus, la médecine prend le pouvoir dans le sport professionnel et, surtout, on constate que la logique de son action prend une nouvelle direction. Il ne s'agit plus seulement de stimuler un organisme fatigué ou de le réparer. Bien plus que la

1. *Sport et Vie*, n° 142, 2014, p. 60-65.

conservation de la santé, c'est désormais l'aptitude à la performance qui est recherchée. Les physiologistes interviennent pour évaluer les limites des athlètes, prévenir leurs problèmes et optimiser leur préparation. Pour cela, ils appliquent les méthodes de la biologie chimique réservées habituellement aux malades (bilans sanguins, « suivi » longitudinal), afin de mesurer le potentiel d'un sportif et sa capacité de récupération. Les plans d'entraînement s'intensifient. De fait, les performances progressent, mais on observe une multiplication corrélative des blessures et des douleurs. Tous les sportifs professionnels en activité subissent des opérations durant leur carrière, ils sont devenus des êtres hors normes dont la pratique sportive devient une addiction (surentraînement, obsession de la performance, etc.). De façon logique, la pharmacopée accompagne cette évolution.

Certes, les médecins améliorent leurs prescriptions en termes de posologie et d'association de produits qui, par ailleurs, se perfectionnent. Mais les doses prescrites dépassent de plus en plus celles utilisées en thérapeutique. Sur le plan chimique, deux dérivés hormonaux prennent progressivement le relais des amphétamines, en déclin à la fin des années 1970. Tout d'abord, les corticoïdes, qui facilitent la récupération, aident à supporter les charges d'entraînement et permettent aux athlètes de lutter contre la fatigue, le stress et la douleur. Ensuite, dès leur mise sur le marché au début des années 1960, les stéroïdes anabolisants (testostérone, stanozolol, nandrolone), qui accroissent la masse musculaire, l'endurance et la volonté des compétiteurs, mènent à la conquête de nombreux records du monde en athlétisme ou en haltérophilie. De façon générale, médicaments, stupéfiants, vitamines, compléments alimentaires et autres procédés inédits, tout ce qui est disponible et utile pour la performance est expérimenté (et éventuellement écarté en cas d'inefficacité ou de danger pour la santé) : perfusion (1960), insuline et éphédrine (1964), grossesse et diurétiques (1968), transfusion sanguine (1970), codéine (1976), bêtabloquants (1978).

L'âge de la biotechnologie détournée (depuis 1995)

Une « société de marché mondialisée[1] » s'instaure à partir des années 1980. Ses principes (libre concurrence, libre circulation des personnes et des capitaux, culte de l'excellence, obligation de résultat, promotion de l'individualisme) constituent autant d'injonctions à « être mieux que soi[2] ». Mais les conséquences sociales d'un tel modèle de société – inégalités, précarité, exclusion, déclin de la solidarité – suscitent l'angoisse de ne pas « être à la hauteur ». Ce contexte crée une forte incitation à se doper à des fins de performance, incitation à laquelle répondent les avancées thérapeutiques issues de l'endocrinologie et de la biologie moléculaire.

Ce quatrième « âge » du dopage voit cohabiter des produits ancestraux avec les substances les plus sophistiquées, relevant de l'ingénierie tissulaire ou de la thérapie génique. On utilise encore fréquemment certains dopants traditionnels (morphine, héroïne, cocaïne, éphédrine, caféine, cannabis) en raison de leur facilité d'emploi, d'un avantageux rapport coût/bénéfice, et du fait que leur dangerosité est relativement contrôlable. D'autres médicaments sont détournés de leurs indications thérapeutiques par des champions illustres. Grâce aux stéroïdes

1. Jacques Généreux (2011a), *La Dissociété. À la recherche du progrès humain*, Seuil, vol. 1, 3e éd ; Jacques Généreux (2011b), *L'Autre Société. À la recherche du progrès humain*, Seuil, vol. 2 ; Jacques Généreux (2011c), *La Grande Régression. À la recherche du progrès humain*, Seuil, vol. 3.

2. Patrick Mignon (2002), *Le Dopage : état des lieux sociologique*, Documents du CESAMES, Université Paris V-René Descartes, n° 10.

anabolisants – utilisés à l'origine pour soigner des chevaux, puis prescrits par des médecins militaires pour stimuler l'agressivité des soldats pendant la Seconde Guerre mondiale –, Ben Johnson devient champion olympique sur 100 mètres aux Jeux de 1988, avant d'être déchu de son titre pour consommation illicite de stanozolol. Quant à Florence Griffith Joyner, en associant de l'hormone de croissance, indiquée généralement pour traiter le nanisme, et des anabolisants, elle a pu obtenir un accroissement de 13 cm de sa circonférence de cuisse en un an, ce qui lui a permis d'établir deux records du monde sur 100 et 200 mètres en 1988, lesquels n'ont toujours pas été battus. Si, de 1984 à 1987, elle n'avait amélioré son record personnel que de 3 centièmes de seconde sur 100 mètres et de 8 centièmes sur 200 mètres, elle l'a abaissé en une seule année… de 47 centièmes et de 62 centièmes sur ces mêmes distances, établissant les nouveaux records mondiaux à l'âge de 29 ans, alors qu'il est établi que les qualités de vitesse pure déclinent de 1 % par an à partir de l'âge de 25 ans.

Le sport change d'époque avec l'EPO (érythropoïétine), une hormone censée traiter l'insuffisance rénale et l'anémie, et qui permet d'améliorer les résultats de 5 à 10 % selon les disciplines : par exemple, elle permet de réduire le temps de parcours de 2 minutes pour le ski de fond sur 15 kilomètres, de 3 à 6 minutes par étape du Tour de France (soit de 1 à 2 heures pour l'ensemble de l'épreuve), et de près de 10 minutes pour le marathon. Une autre illustration spectaculaire de l'impact de ce produit est donnée par la progression de la puissance moyenne déployée par les meilleurs coureurs cyclistes en montagne, qui est passée de +/- 400 watts avant l'EPO à 450, 460, 470 watts, voire 495 watts pour Laurent Jalabert lors de l'ascension du col de Mende pendant le Tour de France 1995. Selon certains spécialistes, aucune autre substance n'a eu un tel effet sur les performances dans l'histoire du dopage. À partir du début des années 1990, un saut brutal de 6 %, inexplicable par d'autres facteurs que l'EPO, est en effet constaté dans les temps réalisés lors de toutes les courses cyclistes. En outre, plus le parcours du Tour de France présente de kilomètres de pentes à gravir, plus la vitesse du vainqueur progresse alors, contrairement à toutes les éditions antérieures comprises entre 1959 et 1989. Grâce à l'EPO, au cours de sa carrière en général (1989-2002) et sur le Tour de France en particulier, Laurent Jalabert devient successivement meilleur sprinter (1992 et 1995) et meilleur grimpeur (2001 et 2002), un changement de spécialité totalement inédit et anormal dans le cyclisme. De même, un coureur de second rang comme le Danois Bjarne Riis a gagné le Tour de France 1996, un exploit auparavant considéré hors de sa portée. Quant à la puissance déployée par Miguel Indurain dans les cols du Tour en 1999, elle lui aurait permis de suivre le rythme d'un cyclotouriste aguerri tout en transportant un passager de 100 kg sur le porte-bagages (Goetghebuer, 2014, p. 46).

Un nouveau palier vers l'adaptation complète du sportif aux diverses contraintes du sport de haut niveau peut encore, à l'avenir, être franchi avec la production d'hormones par génie génétique et avec le détournement de thérapies cellulaires ou de l'ingénierie tissulaire. Cette nouvelle génération de techniques de dopage est indétectable. Elle est interdite par le CIO depuis 2003 en tant qu'elle constitue un usage non thérapeutique de gènes, d'éléments génétiques et/ou de cellules ayant la capacité d'améliorer la performance sportive. Toutefois, la création d'athlètes transgéniques nécessite la maîtrise pluridisciplinaire d'aspects scientifiques, économiques et industriels. S'agissant de la thérapie cellulaire, celle-ci représente une alternative pour un sportif qui, au lieu de recourir à des substances interdites, peut recevoir des greffes de cellules-souches transgéniques qui fabriqueront elles-mêmes directement les substances dopantes. Le progrès des connaissances sur le génome peut également rendre possible la production de substances chimiques modulables selon les besoins de chaque type de sportif : l'élévation de la taille chez un basketteur ou un rugbyman, par exemple. De même, l'utilisation de certaines molécules est susceptible de modifier les récepteurs hormonaux de façon à augmenter leur activité, de telle sorte que, à quantités égales d'EPO ou de testostérone qui viendraient s'y fixer, leur action soit plus importante. Certaines thérapies génétiques ou cellulaires peuvent aussi être mobilisées pour que l'organisme récupère plus vite après une blessure, ou encore pour accroître la vitesse de conduction nerveuse et diminuer d'autant le temps de réaction, pour développer la vision nocturne, accélérer la capacité de poursuite visuelle d'un objet (une balle) ou limiter les effets biologiques indésirables d'un entraînement intensif.

La pharmacopée pourrait même offrir d'autres pistes en agissant sur la carte génétique humaine, par exemple en injectant au sein des muscles et à l'aide d'un « virus vecteur » des gènes de la performance. C'est une méthode indétectable de molécules d'acide désoxyribonucléique (ADN) qui dirigeraient la production de protéines intervenant dans le fonctionnement musculaire ou la résistance des ligaments et tendons. Leur introduction directement dans l'embryon juste après la fécondation serait encore plus révolutionnaire ! Dans bien des cas, ces nouvelles techniques sont encore en phase expérimentale et n'ont pas reçu l'autorisation de mise sur le marché. Bien évidemment, ces méthodes sont coûteuses et complexes, exigent d'importants investissements, nécessitent un approvisionnement et un « suivi » par des professionnels de la santé. Aussi une véritable segmentation du marché apparaît-elle entre le dopage du pauvre et le dopage du riche, les uns connaissant les produits, les autres non, les uns ayant une équipe médicale expérimentée, les autres non, les uns des budgets considérables, les autres non.

Pour nous résumer, nous pouvons considérer que les conduites dopantes ont relevé, depuis l'origine de l'humanité jusqu'aux années 1980, d'un certain bricolage, avec malgré tout, au fil du temps, une lente et plus ou moins bonne intégration du savoir scientifique par le milieu sportif pour améliorer les performances. Durant cette très longue période, la part du talent purement sportif a été presque exclusive ou largement dominante selon les moments. En revanche, depuis les années 1990, les nouvelles pratiques dopantes sont largement conditionnées par l'évolution technique et marchande de la société. L'environnement médical du sportif a pris une part fondamentale dans la détermination des résultats, avec le développement des bionanotechnologies, des thérapies cellulaires et géniques. Le sportif est ainsi transformé en cobaye, en machine et en outil. Son identité propre et ses caractéristiques se diluent et deviennent minoritaires dans les facteurs expliquant la performance, et cela à un point tel qu'il serait logique de faire figurer sur les podiums, au côté des champions, l'équipe médicale (Missa et Nouvel, *op. cit.*)...

La perspective d'une mutation majeure renforce encore cette dernière proposition. En effet, la détermination génétique du potentiel sportif des chevaux ou des chiens est déjà pratiquée. Le premier cheval champion a été cloné il y a quelques années. En cas de transfert de ces technologies à l'espèce humaine – transfert qui semble théoriquement possible –, la réglementation antidopage ne constituera aucunement une barrière puisque, dans le dopage génétique, il n'y a plus de produit à déceler. Dans la biomédecine du XXIe siècle, les nouvelles technologies peuvent non seulement être utilisées pour soigner, mais aussi pour améliorer ou transformer certaines capacités physiques et physiologiques. Le sport professionnel risque ainsi de devenir un des principaux laboratoires d'expérimentation de ces nouvelles technologies (Missa et Nouvel, 2011, p. 35 et p. 106). Cette hypothèse est d'autant plus concevable que l'industrie pharmaceutique est actuellement en quête d'un nouveau modèle économique. En effet, durant les années 2010, elle voit progressivement tomber dans le domaine public des brevets majeurs, dont les médicaments à succès (anticancéreux, anticholestérol, anti-inflammatoire, anti-ulcéreux, traitement contre la maladie d'Alzheimer) sont remplacés par des génériques, bien moins chers pour les malades et bien moins rémunérateurs pour les laboratoires. Avec la fin de ces droits de propriété intellectuelle ayant conféré à leurs titulaires un monopole de fabrication et une exclusivité commerciale pour une durée maximale de vingt ans, tous les laboratoires peuvent copier le médicament original et le vendre comme médicament générique. De ce fait, les chiffres d'affaires des principaux groupes mondiaux (Pfizer, Roche, Sanofi, Astra-Zeneca, Amgen, Merck, Eli Lilly, etc.) pourraient être amputés de 10 à 40 % dans les prochaines années. C'est pourquoi les laboratoires les plus puissants, désireux d'exploiter de nouveaux brevets lucratifs, investissent massivement dans les biotechnologies du futur, soit en réorientant l'activité de leurs services de recherche, soit en procédant à des acquisitions de sociétés spécialisées dans les biotechnologies, contribuant ainsi à changer la nature du dopage, et donc du sport.

3. Un marché rentable pour les mafias

Le marché du dopage ne fonctionne évidemment pas comme un marché légal. Il est impossible d'avoir une vision précise et complète des structures et des stratégies d'un marché clandestin aux contours mal définis. La dimension souterraine de la distribution de dopants donne naissance à des marchés noirs où les comportements économiques des vendeurs et des acheteurs sont façonnés par l'illégalité. Cela rend difficile la collecte des informations nécessaires à l'analyse et explique l'inexistence de certaines données statistiques. On peut toutefois cerner plusieurs aspects caractéristiques de cette économie du dopage.

Trafic de produits dopants et crime organisé

Le marché des produits dopants est organisé en réseaux transnationaux, avec une division géographique du travail selon le type d'activités, et ce, même si une majorité de pays sont, à différents degrés, à la fois producteurs, consommateurs et zones de transit (Donati, 2007). Six pays représentent à eux seuls plus de la moitié de la production mondiale : Russie (20 %), Chine (10 %), Inde (10 %), Thaïlande (7 %), Mexique (5 %), Grèce (4 %). Les nations d'Europe centrale et de l'Est (Russie, Ukraine, Lituanie, Roumanie, Hongrie, Serbie) disposent de milliers de chimistes au chômage qui trouvent dans les activités illicites les moyens de leur subsistance. L'industrie pharmaceutique très développée de ces mêmes pays a été attirée, dès les années 1960, par les profits liés à ce marché émergent peu contrôlé par l'État. Certains experts considèrent que la Russie joue le même rôle en matière de dopage que la Colombie dans le domaine de la drogue[1]. Dans de nombreux pays (la RDA et l'URSS hier, la Russie ou la Chine aujourd'hui), le laxisme ou l'appui de certains pouvoirs politiques, médicaux et sportifs facilite, voire légitime, l'essor

1. *L'Équipe*, 25 décembre 2003.

de ce marché. En effet, des États peu développés ou en crise de transition ont fait de la production de dopants un levier de croissance. La filière asiatique (Chine, Inde, Thaïlande, Corée du Nord, Pakistan) fabrique des produits à faibles coûts de main-d'œuvre et bénéficie du soutien d'organisations criminelles nationales puissantes, connectées à de grands groupes mafieux internationaux. La provenance et le volume des saisies douanières de substances dopantes soulignent la part grandissante de la Chine, futur premier exportateur mondial durant la prochaine décennie à la place de la Russie. Présente sur le marché depuis les années 1980, l'Inde bénéficie quant à elle du haut niveau de son secteur pharmaceutique. Du fait de sa faible culture sportive, l'essentiel de sa production est dédié à l'exportation. La Thaïlande est régulièrement citée comme pays d'origine des stéroïdes anabolisants. Le marché international est approvisionné également par une vingtaine d'autres pays : Allemagne, Argentine, Australie, Brésil, Espagne, Pakistan, Pologne, Roumanie, Suisse, etc. (Donati, 2007, p. 98 et suiv.). Certains s'équipent en laboratoires de transformation (Pays-Bas, Suisse, Espagne, Mexique entre autres), d'autres deviennent des pays de stockage (Belgique, Suisse, par exemple) ou de transit (Chypre, Finlande, Estonie). Les pays d'Europe occidentale sont généralement bien plus consommateurs de dopants que producteurs et exportateurs.

Qui contrôle ce marché ? La domination a changé de zone géographique et de style au cours des dernières décennies, passant de la mafia italo-américaine au crime organisé russe. D'un point de vue historique, quelques familles mafieuses, installées à New York notamment (Gambino, Luchese, Colombo, Gotti), qui maîtrisaient le trafic de stupéfiants au début des années 1960, se mettent à produire dans les années 1980 les premiers films avec des acteurs provenant du bodybuilding, créant ainsi deux nouveaux gisements de chiffre d'affaires : le premier, légal, avec le succès de ce genre cinématographique dans le monde entier ; le second, illégal, avec la stimulation de la demande de stéroïdes anabolisants par la promotion du culte du corps, de l'image de soi et de la forme physique (Donati, 2007, p. 4). L'objectif est clairement de rendre attrayante l'image des culturistes et d'associer celle-ci à la personne du héros du film. De nombreuses vedettes, tels Arnold Schwarzenegger, Sylvester Stallone ou Jean-Claude Van Damme, vont ainsi populariser ce modèle d'entraînement physique et de consommation d'anabolisants. Mais, si la mafia italo-américaine reste hégémonique jusqu'aux années 1990, la Russian Organized Crime (ROC), coalition de 70 familles mafieuses, la supplante progressivement sur les marchés de la testostérone, de l'hormone de croissance et des stéroïdes anabolisants. Plusieurs raisons expliquent la montée en puissance de l'organisation russe : l'expertise de ses laboratoires de fabrication ; la compétitivité de ses prix ; la qualité de ses produits ; sa capacité à organiser le trafic à l'échelle internationale ; la présence dans ses rangs de professionnels du crime, fréquemment d'anciens membres du KGB au chômage. Il y a désormais une réelle convergence entre les marchés de la drogue et des dopants : identité de produits consommés (stimulants, cocaïne, amphétamines, etc.), mêmes effets toxiques et même relation de dépendance induite chez le consommateur, similitude des filières d'acheminement, contrôle par la même grande criminalité internationale, niveaux comparables des chiffres d'affaires.

La rentabilité de ce commerce illégal et la quasi-impunité dont il jouit y ont attiré de nombreux opérateurs aux parcours très diversifiés. En une trentaine d'années, David Jenkins, l'ancien médaillé olympique du 400 mètres aux JO de 1972, est devenu un véritable industriel du dopage après avoir créé au

Mexique un laboratoire clandestin fabriquant et exportant vers les États-Unis des stéroïdes anabolisants, puis il a développé Next Nutrition, une des principales sociétés nord-américaines de compléments alimentaires (protéines) pour sportifs et bodybuilders. Le général Manuel Antonio Noriega, alors dictateur du Panama (1984-1990), a financé la production et le trafic de stéroïdes anabolisants vers l'Amérique centrale et du Nord, zone géographique qui génère pour le dopage un chiffre d'affaires voisin de celui de la drogue (Donati, 2007, p. 34-35).

Les filières d'approvisionnement et les prix

Ces filières sont multiples et d'un coût variable pour les consommateurs. Les ordonnances falsifiées ou de complaisance présentent un double avantage : qualité des produits et remboursement par la sécurité sociale. Les produits détournés des pharmacies hospitalières offrent les mêmes garanties de sûreté et de gratuité. Dans ces cas, le but lucratif prime évidemment sur la déontologie professionnelle des prescripteurs. Alessandro Donati, directeur de la recherche du Comité national olympique italien (CONI), estime qu'il y a en Italie 700 médecins prescripteurs de produits dopants ayant chacun de 50 à 100 clients[1]. Parmi les « médecins du sport » (et leurs clients) les plus connus dans le monde, citons l'Italien Michele Ferrari (Francesco Moser, Lance Armstrong), l'Espagnol Eufemiano Fuentes (Jan Ullrich, Ivan Basso), le Canadien Anthony Galea (Tiger Woods, Donovan Bailey), l'Italien Gabriele Rosa (athlètes kenyans de fond et de marathon). De tels médecins-dopeurs perçoivent des revenus annuels pouvant aller jusqu'à 6 millions d'euros (estimation des gains

1. *Le Monde de l'économie*, 17 juin 2008.

du Dr Eufemiano Fuentes[1]). Schématiquement, trois types de prestations sont proposés sur le marché. Pour 6000 euros par an, un sportif de niveau national reçoit un plan d'entraînement accompagné de quelques produits de base : ozone, insuline, créatine, acides aminés[2]. Moyennant 30000 euros, un sportif de niveau international, comme le sprinter Dwain Chambers ou le cycliste Mario Cipollini, bénéficie d'une médication adaptée à son statut de champion : tétrahydrogestrinone (THG), testostérone, hormone de croissance, EPO[3]. Enfin, en contrepartie de 100000 euros, une star comme l'athlète Marion Jones ou le cycliste Lance Amstrong se voit attribuer les hormones les plus sophistiquées, avec les substances qui en masquent l'utilisation et en limitent les effets secondaires.

Le marché des dopants s'est considérablement développé avec la prolifération des pharmacies en ligne, qui neutralise l'action des services douaniers ainsi que des autorités sanitaires, et empêche l'application des réglementations nationales sur la consommation de médicaments. Internet est devenu un vecteur majeur de distribution de produits dopants parce qu'il présente un certain nombre d'atouts : un maillage universel, le rapprochement aisé des vendeurs et des acheteurs potentiels, la commodité d'achat des produits (même sans ordonnance, et même quand leur vente est interdite), la discrétion et la flexibilité des transactions, et, pour les cybercriminels, une réduction des risques de répression. Jusqu'aux années 1990, les médicaments étaient détournés de leur usage thérapeutique par l'industrie pharmaceutique elle-même, celle-ci prenant conscience dès les années 1960 de l'intérêt de ce marché émergent. Dorénavant, au moins 25 % des substances

1. *L'Équipe*, 28 janvier 2013.
2. *Le Monde*, 24-25 août 2008.
3. *L'Équipe*, 6 juin 2005 et 7 juin 2008.

dopantes commercialisées de façon illicite par internet sont des médicaments contrefaits, avec des ingrédients ayant une origine et une efficacité douteuses[1]. Cette contrebande circule grâce à des réseaux possédant plusieurs centaines de serveurs (forums et sites spécialisés) disséminés dans des pays à législation peu contraignante ou à faibles contrôles douaniers (États-Unis, Pays-Bas, Suisse, Grèce, par exemple), tandis que l'argent transite par des banques installées dans des paradis fiscaux (Costa Rica, Singapour, île de Man, Antigua, Irlande, Chypre). Durant les années 2000, et dans le cadre de l'Organisation mondiale du commerce (OMC), ce phénomène a pris une réelle ampleur avec la libéralisation des échanges, qui a attiré le crime organisé transnational (Przyswa, 2013, p. 9). La contrefaçon de produits dopants concerne, par exemple, les stéroïdes anabolisants, dont la production a été abandonnée progressivement par les laboratoires, dès lors que ces produits avaient quasiment disparu de toutes les prescriptions médicales. Il en est de même pour les stimulants et les bêtabloquants.

Selon certains experts, les cliniques « anti-âge » constituent aujourd'hui le premier cabinet de consultation médicale de l'élite sportive[2]. Cette source d'approvisionnement est moins risquée qu'internet pour les sportifs, que ce soit en termes de qualité des substances ou de confidentialité de ces produits dans de nombreux pays. De telles pratiques ne sont pas nouvelles. En revanche, leur ampleur est vraiment inédite : ces dernières décennies, on a assisté à la multiplication des cliniques spécialisées aux États-Unis, Canada, Japon et en Australie, Suisse et Amérique centrale. Bay Area Laboratory Co-Operative (BALCO, Californie), dissoute en 2003, fournissait jusqu'alors des produits dopants à de nombreux champions américains

1. *Franc Jeu*, AMA, n° 1, 2011, p. 1.
2. *Sport et Vie*, n° 142, 2014, p. 60-65.

(Marion Jones, Tim Montgomery...). Biogenesis of America (Floride) alimentait jusqu'en 2013 des équipes de football et de basket des universités de cet État, ainsi que de multiples joueurs vedettes de baseball (Alex Rodriguez, Manny Rodriguez, Gio Gonzalez...), des joueurs de tennis et des boxeurs. Le sport australien (rugby à XIII, football, natation, etc.) utilise également cette filière « anti-âge », très développée dans un pays devenu récemment l'un des principaux producteurs et consommateurs d'hormone de croissance.

Le recours banalisé de tout un chacun, dans la vie quotidienne, à des compléments et suppléments alimentaires pour lutter contre le stress, renforcer ses défenses naturelles ou perdre du poids, étend le périmètre des conduites dopantes. Durant ces quinze dernières années, on a pu constater l'évolution de l'offre de produits dans les grandes surfaces ou sur internet, ainsi que celle des habitudes de consommation. Aux États-Unis, une législation très libérale autorise la commercialisation de préparations à base d'hormones de croissance ou de stéroïdes anabolisants. Ces produits n'étant pas considérés comme des médicaments, ils échappent à tout contrôle de qualité ou autorisation préalable. Une enquête menée par le CIO en 2005 a montré que 15 % des compléments commercialisés dans le monde contenaient des substances dopantes qui ne figuraient pas sur l'étiquette. Aucune étude n'a prouvé que cet usage de compléments ou de suppléments soit associé à une quelconque progression des capacités athlétiques. La communauté scientifique est unanime pour considérer qu'une alimentation équilibrée suffit à apporter tous les nutriments nécessaires à la santé de l'ensemble de la population, y compris des sportifs. Mais ce rituel irrationnel de la supplémentation est activé par la stratégie marketing des laboratoires, qui parent leurs produits de noms ou de slogans laissant croire à des effets sur la performance : « énergie explosive », « optimiser la croissance et la densité musculaires », etc. Sur 40 000 allégations nutritionnelles identifiées dans les États membres de l'Union européenne, l'Agence européenne de sécurité des aliments en a reconnu 222 (soit 0,5 %) comme fondées, 99,5 % relevant *a contrario* d'une tromperie commerciale. Mais, dommage collatéral préjudiciable, l'effet mimétique ainsi créé met le consommateur sur la voie des conduites dopantes.

Pour toucher une clientèle jeune, branchée, sportive, et augmenter ses parts dans un marché en plein essor, Red Bull « donne des ailes ». Cette société autrichienne, leader mondial du secteur des boissons dites énergisantes, mène une politique commerciale particulièrement agressive, dédiant un tiers de son chiffre d'affaires au sponsoring et un autre tiers au marketing. Elle investit 1,7 milliard d'euros par an dans l'événementiel et soutient des clubs de football américains et européens, les écuries de Formule 1 Jaguar et Mignardi, le multiple champion du monde des rallyes Sébastien Loeb, la création d'événements dans des disciplines extrêmes. Rappelons que le saut « historique » réalisé par Félix Baumgartner le 14 octobre 2012 dans la stratosphère (à 40 000 mètres d'altitude) a été vu en direct sur le site de Red Bull par 8 millions d'internautes et a suscité seize fois plus de connexions que la cérémonie d'ouverture des JO de Londres. Cette entreprise ne se soucie pas du fait que sa boisson vedette contienne de la caféine et de la taurine aux effets neurocomportementaux ou cardiovasculaires indésirables.

Dopants, dopés et business

Il existe depuis une vingtaine d'années des preuves significatives de l'importance et de la mondialisation des trafics illégaux de médicaments utilisés à des fins de dopage (Donati, 2007, p. 15). L'Organe international de contrôle des stupéfiants (OICS) de l'Organisation des Nations unies (ONU) s'était notamment alarmé, dans un rapport officiel de 1994, du détournement croissant d'amphétamines à des fins non médicales (Bourg, 1999). Pourtant, le marché illégal de produits dopants est sous-évalué au sein du commerce illicite. Aux États-Unis, une étude portant sur les saisies de produits interdits a montré que le marché des stéroïdes anabolisants représentait 100 fois celui de l'héroïne, 35 fois celui de la cocaïne et 14 fois celui des hallucinogènes ; ce marché étant seulement dépassé par celui du cannabis, quant à lui 2,4 fois plus important (Donati, 2007).

Cette demande de produits en principe prescrits pour traiter des maladies ciblées, mais qui permettent d'améliorer la performance de personnes bien portantes, augmente fortement dans l'ensemble des pays développés. Trois types de consommateurs de dopants peuvent être identifiés (Donati, 2007, p. 41 et suiv.). Pour les acheteurs aisés et bien informés de la qualité des produits disponibles sur le marché (entre 5 et 7 % des consommateurs), le prix a une importance secondaire. Ces acheteurs privilégient les médicaments originaux qui possèdent les principes actifs recherchés. Pour les clients informés, mais dont les moyens financiers sont limités (entre 20 et 25 %), le rapport qualité / prix constitue un critère important. Enfin, pour les consommateurs peu informés et dotés d'un faible pouvoir d'achat (entre 70 et 75 % de l'ensemble), le prix est le principal critère de choix.

Parallèlement à cette économie souterraine du dopage, on voit prospérer différents marchés stimulés par les injonctions permanentes à la performance corporelle, esthétique, mentale ou intellectuelle. En 2015, le chiffre d'affaires du marché mondial officiel du médicament avoisinait les 1 100 milliards d'euros, alors qu'il n'était que de 450 milliards en 2005 (IMS Health). Celui du secteur médical et pharmaceutique

« anti-âge » devrait atteindre 260 milliards en 2018 (prévisions de Global Industry Analysts[1]). Le marché des médicaments contrefaits se rapprocherait des 250 milliards d'euros en 2015, contre seulement 60 milliards en 2010 : il serait ainsi le premier trafic illicite au monde, devant la prostitution et la marijuana (World Economic Forum).

L'évaluation du marché des dopants est délicate dans la mesure où la production, la commercialisation et la consommation relèvent de l'économie parallèle. Toutefois, un ordre de grandeur a pu être défini à partir des saisies en volume et en valeur marchande effectuées par les services anticontrebande ; de l'estimation de la fabrication annuelle d'usines clandestines identifiées, et de la part des médicaments détournés de leur vocation générique quantifiée selon les résultats d'enquêtes spécifiques (Donati, 2007, p. 106 et suiv.). Au même titre que la drogue, le dopage est un outil, et non une fin en soi. Les conduites dopantes relèvent ainsi de l'univers des drogues utilitaires (Laure, 2004) et concernent potentiellement tous les médicaments conçus pour soigner des maladies. Ce détournement provoque une surproduction croissante de médicaments à des fins de dopage, avec des quantités produites de cinq à dix fois supérieures à ce que nécessiteraient les besoins réels des malades. En Italie, par exemple, alors que 3 000 malades avaient besoin d'EPO à la fin des années 1990, les quantités vendues auraient permis d'en soigner 40 000, soit treize fois plus (Donati, 2007, p. 107 et suiv.).

S'inscrivant dans un contexte d'usage non thérapeutique de médicaments et de banalisation de l'assistance chimique dans la vie quotidienne, les conduites dopantes témoignent ainsi d'un nouveau rapport au corps, conçu comme un élément perfectible. Aussi l'utilisation de compléments ou

1. *Sport et Vie*, n° 142, 2014, p. 60-65.

de suppléments alimentaires participe-t-elle de plus en plus fréquemment de cette démarche d'amélioration : vitamines, antioxydants, minéraux, protéines, créatine, etc. Selon la directrice du Laboratoire antidopage de Montréal, 75 % des Nord-Américains suivent ce type de pratique[1]. Une vaste étude de l'INSERM, réalisée récemment auprès de 80 000 personnes, a révélé que 15 % des hommes et 28 % des femmes avaient recours, au moins trois fois par semaine, à des vitamines, minéraux, acides gras, protéines ou acides aminés (Pouchieu *et al.*, 2013). Les sportifs sont des consommateurs assidus de compléments alimentaires, non pour pallier une carence nutritionnelle, mais en vue d'améliorer leurs performances. Selon certaines estimations, un sportif sur deux en prend pour lutter contre la sensation de fatigue ou pour repousser le seuil de la douleur[2].

Certes, le dopage n'a de réalité juridique et n'est sanctionné que dans le sport, celui-ci s'étant construit sur plusieurs mythes qui expliquent cette spécificité : pureté de l'effort, égalité des chances, incertitude des résultats, caractère sain et naturel de l'activité. Mais les sportifs ne constituent pas pour autant la majorité des consommateurs de produits dopants (Donati, 2007, p. 104 et suiv.). S'ils en représentent 36 % du total, ils sont devancés par les bodybuilders et les clients des salles de fitness (39 % des consommateurs). Près d'un cinquième des dopés utilisent l'automédication, en dehors des normes de prescription reconnues par les autorités médicales, avec un abus ou un détournement du statut thérapeutique des substances utilisées. Ces pratiques touchent aussi bien les adolescents que les jeunes adultes ou les seniors, sous l'empire des injonctions au dépassement illimité et permanent de

1. *Sport et Vie*, n° 78, 2003.
2. *Sport et Vie*, n° 123, 2010, p. 56.

soi-même. Enfin, deux autres catégories de consommateurs ont en commun un taux de prévalence très élevé, même si leur incidence sur les statistiques globales est faible du fait de leurs effectifs modestes. Il s'agit tout d'abord des professionnels de la sécurité (militaires, policiers, pompiers, gardes du corps, etc.) exposés à un danger (5 %). C'est ainsi que 20 à 25 % des agents de police aux États-Unis se dopent régulièrement ou sont impliqués dans des trafics. Quant à l'armée américaine, elle a systématiquement recouru aux stéroïdes anabolisants lors de ses interventions en Irak ou en Afghanistan. Enfin, il s'agit des membres du show-business (chanson, cinéma, théâtre, danse, mode), 2 % des consommateurs, auxquels une prestance physique particulière est demandée : le fait qu'ils s'adonnent à la consommation de substances a un fort impact symbolique sur les pratiques, des jeunes notamment.

Combien de personnes se dopent-elles ? La population mondiale, sportive ou non, se livrant de façon régulière à une conduite dopante a été évaluée à 27 millions de personnes, soit un taux de prévalence global de 0,4 %, qui se décompose ainsi : 15,5 millions dans les 26 principaux pays développés (taux de prévalence moyen de 1,6 %) et 11,5 millions dans les 170 autres pays (taux de prévalence moyen de 0,2 %). À titre de comparaison, en 2011, le taux de prévalence pour la consommation de cocaïne en Amérique du Nord était de 1,5 % au sein de la population âgée de 15 à 64 ans (OICS, 2013, p. 69). Selon plusieurs études internationales (Laure, 2004), la pratique occasionnelle ou récurrente de conduites dopantes chez les sportifs concerne, en moyenne, entre 3 et 5 % des enfants et adolescents, et entre 5 et 15 % des adultes. Chez les non-sportifs, ce pourcentage est de 15 % parmi les salariés, 24 % parmi les médecins, 37 % chez les chauffeurs routiers, 58 % chez les étudiants en médecine. En Allemagne, selon une enquête réalisée dans des salles de fitness au début des années

2000, une personne sur sept admet prendre des stéroïdes anabolisants, soit une prévalence réelle bien supérieure (Striegel *et al.*, 2006). Aux États-Unis, 3 millions de jeunes utilisent régulièrement des produits dopants (Sjöqvist *et al.*, 2008). Et près d'un tiers des lycéens admettent avoir été en contact avec de l'hormone de croissance, et 5 %, en avoir consommé (Holt et Sönksen, 2008).

Depuis une vingtaine d'années, une énorme masse de capitaux se déverse dans le sport, que ce soit dans la sphère éducative, ludique, compétitive ou professionnelle. Cette injection de fonds est estimée à 900 milliards d'euros pour l'année 2015, soit environ 1,5 % du produit intérieur brut (PIB) mondial. Globalement, et compte tenu du nombre d'athlètes de haut niveau définis comme tels à partir de leur statut et de leur inscription de fait dans le fichier de gestion antidopage de l'AMA (240 000 consommateurs potentiels), à partir des sommes consacrées à de telles préparations dopantes (de 1 à 3 % des budgets des équipes ou des revenus des sportifs) et du montant des ventes des substances les plus utilisées, les flux financiers engendrés en 2015 par l'ensemble des activités du marché mondial du dopage sportif dépasseraient 10 milliards d'euros. Si l'on ajoute les autres sportifs de haut niveau, mais « amateurs » (de 7 à 8 millions au minimum), le chiffre d'affaires de cette filière serait supérieur à 30 milliards d'euros (Bourg et Gouguet, 2012, p. 55). La comparaison de ces chiffres d'affaires avec la somme globale allouée aux programmes antidopage dans le monde (225 millions d'euros[1]) illustre le manque de volonté réelle des institutions sportives et étatiques d'éradiquer cette dérive. Si l'on prend en compte les conduites dopantes des non-sportifs, les revenus globaux de ce marché mondial, pour 27 millions de consommateurs,

1. *Franc Jeu*, AMA, n° 1, 2011, p. 2

représenteraient 116 milliards d'euros : 71 milliards sous forme de produits dopants, et 45 milliards sous forme de suppléments ou de compléments alimentaires (Donati, 2010, p. 1 et suiv.). Pour comparaison, le chiffre d'affaires du marché mondial des drogues a été évalué à 320 milliards d'euros[1]. Comme c'est le cas dans le domaine de la drogue, certains experts estiment que les frais médicaux engagés pour soigner les pathologies causées par les conduites dopantes sont supérieurs au total du commerce illicite de ces produits. Ainsi, aux États-Unis, les dépenses annuelles consacrées au traitement des toxicodépendances s'élèvent à 75 milliards d'euros, alors que les achats de drogues sont estimés à 50 milliards. De tels budgets traduisent le coût social, sanitaire et éthique de ces pratiques mafieuses pour la société (Donati, 2007, p. 112).

La mutation du capitalisme, dans les années 1980, de sa forme industrielle et fordienne vers sa forme actuelle, dérégulée, financiarisée et mondialisée, s'est révélée fortement criminogène (Gayraud, 2014) avec la déréglementation des marchés, le développement de nouvelles technologies, l'extension de la globalisation liée à l'effondrement du communisme et à l'essor des pays émergents. Le « cupidalisme » (terme employé par certains auteurs pour désigner le dévoiement du capitalisme par la cupidité) offre des opportunités inédites aux comportements criminels, qui deviennent de moins en moins marginaux et de plus en plus centraux dans le fonctionnement des marchés (Andreff, 2013). Or toute régulation internationale est impossible dans la mesure où les trois quarts des 193 États siégeant à l'ONU sont dans l'impossibilité d'exercer convenablement leurs pouvoirs souverains dans le domaine militaire, financier ou judiciaire. Aussi, comment s'étonner

1. *Alternatives économiques*, janvier 2011.

que des fonds illicites provenant du trafic de produits dopants soient transformés en revenus légaux par le biais de mises sur le marché transnational des paris sportifs (évalué entre 200 et 500 milliards d'euros par an, dont 80 % de paris clandestins), une partie étant réinvestie par les organisations criminelles dans les circuits économiques traditionnels (Sorbonne et ICSS [International Centre for Sport Security], 2014, p. 9 et suiv.). Force est de constater que cette congruence des dérives du capitalisme contemporain et de celles du sport business (affairisme, blanchiment de capitaux, corruption, cybercriminalité, etc.) menace l'intégrité des compétitions et l'éthique du sport.

CHAPITRE 3

Un dopage inévitable

« Nous sommes des professionnels, nous ne sommes pas des sportifs ! » À sa manière, Rudi Altig, champion du monde de cyclisme sur route en 1962, justifiait la pratique du dopage comme inévitable au regard des contraintes de son métier d'athlète de haut niveau (Bourg et Gouguet, 2007, p. 272).

Jusqu'où peut-on aller dans ce type de raisonnement ? Faut-il tout mettre en œuvre pour conquérir des gains financiers, de la notoriété et de la consécration au sein du spectacle sportif, devenu une des composantes majeures de l'économie de la célébrité ? Ou bien devons-nous tout simplement nous accommoder de la logique constitutive du sport de compétition ? Autrement dit, l'acte de dopage est-il imputable à l'individu ou au système ?

Il est établi que le sport professionnel est totalement gouverné par l'évaluation, le jugement, la comparaison, le classement, le palmarès. Ces procédures identifient chez les sportifs certaines qualités particulières, puis valorisent celles-ci et élargissent leur audience grâce à une médiatisation intensive. Les sports les plus populaires donnent lieu à la création de vastes marchés dans l'industrie du divertissement, marchés à hauts rendements sur lesquels seuls les vainqueurs captent l'essentiel des rémunérations. Le libre fonctionnement du marché du spectacle, des médias et de la publicité segmente la distribution des revenus (Bourg, 2008). Le consommateur choisit ses programmes, ses produits et ses vedettes, dans le sport tout comme dans le cinéma ou la musique. Les superstars bénéficiant d'une exposition planétaire se voient dotées d'une valeur marchande qui peut atteindre des sommets. À elle seule, la commercialisation de leur image peut représenter de 50 à 70 % de leurs revenus. C'est le cas, notamment, des cinq sportifs les mieux rémunérés dans le monde en 2016 (*Forbes*) : les footballeurs Cristiano Ronaldo (77 millions d'euros) et Lionel Messi (72 millions d'euros), le joueur de basket LeBron James (68 millions d'euros), le joueur de tennis Roger Federer (60 millions d'euros), le joueur de basket Kevin Durant (50 millions d'euros).

Dans un tel contexte, quelles sont les vraies motivations du sportif professionnel dans l'exercice de son activité ? De façon générale, une double incitation oriente les comportements humains (Généreux, 2011b). La première incitation est morale, c'est le désintéressement, la compassion, le don, la générosité, l'altruisme et la coopération : la *doxa* « coubertinienne » s'en est inspirée pour imposer de 1896 à 1980 les principes fondateurs de l'olympisme moderne que sont l'amateurisme et le bénévolat. La seconde incitation est financière, c'est l'intérêt, l'égoïsme, la rémunération, le lucre, le cynisme et la compétition : la logique du sport business actuel correspond à cette seconde voie.

En effet, à partir des années 1980, le sport professionnel s'est recomposé autour des valeurs instrumentales du marché : ce qui était auparavant un simple moyen est devenu un but ultime. Marchandisé en spectacle, le sport de haut niveau est désormais instrumentalisé par les actionnaires, les sponsors, les diffuseurs, les équipementiers, les agences spécialisées, les sportifs. Les valeurs en jeu sont l'argent, le statut social, le prestige, le dépassement de soi, et non plus le plaisir, la formation, l'effort, l'accomplissement de soi.

Afin de comprendre les raisons pour lesquelles les sportifs se dopent, les chercheurs proposent classiquement trois analyses. La première considère le dopage comme une action illicite, rationnellement et individuellement choisie par les sportifs à l'issue d'un calcul coûts/avantages. Selon la deuxième approche, l'aspect stratégique du dopage est une préoccupation prioritaire pour les sportifs désireux de se procurer un avantage sur leurs adversaires. Pour la troisième, au-delà de la « main invisible » du marché qui façonne les deux figures précédentes de l'*homo œconomicus*, la « main visible » des institutions (publiques, sportives, médicales, médiatiques, etc.) détermine le comportement, plus complexe, du sportif inséré dans « une société de compétition généralisée »[1] qui lui apprend à agir selon cet impératif de performance.

Précisons tout d'abord les contours de cette réflexion, centrée, dans ce chapitre, sur le dopage chez les sportifs, et non élargie aux conduites dopantes en général. Rappelons que le dopage est le recours par un sportif à des substances illicites ou à des procédés interdits, spécifiquement désignés dans le code antidopage du mouvement olympique, et qui font l'objet d'une réglementation. L'objectif de cette pratique est de pousser l'organisme humain à atteindre des niveaux de performance qui lui auraient été normalement inaccessibles en raison des limites physiologiques, de la fatigue, de l'anxiété ou de la douleur.

1. Généreux, *op. cit.*

1. Le dopé rationnel égoïste

Quels sont les paramètres pris en compte par ce sportif calculateur et cynique, vivant exclusivement de sa pratique de très haut niveau, avant de décider de se doper ou de ne pas le faire ? Sa carrière est courte, de six à huit ans en moyenne selon les disciplines, précaire et aléatoire en raison à la fois des exigences croissantes de la compétition, du spectacle et des risques encourus (blessures, périodes de méforme, mauvaise intégration dans l'équipe, etc.). Cette carrière est aussi soumise à une forte concurrence sur le marché du travail du fait de l'afflux de jeunes sportifs et de talents étrangers lié à la dérégulation de ce marché depuis l'arrêt *Bosman* de la Cour de justice des Communautés européennes en 1995 (alignement du droit du sport sur le droit communautaire, avec les règles de libre circulation des sportifs professionnels en fin de contrat et de non-discrimination – suppression des quotas nationaux au sein des clubs).

Pour les sportifs professionnels, le risque que le contrôle antidopage soit positif est très faible : entre 0 % et 2 % seulement des tests effectués se révèlent positifs, selon les compétitions et les disciplines. Ces taux ne signifient pas qu'il n'y ait quasiment que des sportifs irréprochables. Ils signifient simplement qu'à partir des produits analysés ou analysables il n'y a pas eu, ou presque pas, de dopage avéré. Le risque d'être sanctionné sportivement après un test positif est encore plus faible, voire nul, compte tenu de l'infinité des moyens utilisables pour faire annuler les procédures disciplinaires : justification thérapeutique de l'usage de produits illicites (qui se banalise à mesure que se légalise une gestion médicalisée du dopage), recours à une logique juridique exploitant tout vice de forme, toute incertitude scientifique, toute non-correspondance ou incompatibilité entre réglementations sportives et/ou étatiques. L'insuffisance du nombre des tests et l'impossibilité de détecter les substances les plus utilisées expliquent le manque de fiabilité des contrôles. Cela est dû aux décalages fréquents et longs (souvent d'une dizaine à une vingtaine d'années) entre la date d'apparition de médicaments illicites, la date de leur interdiction et la mise en place des capacités de dépistage par les autorités sportives. À côté du risque sportif, le risque d'être sanctionné pénalement est inexistant dans la plupart des pays, le sportif dopé étant considéré comme une victime de ce fléau engendré par les dérives du sport-spectacle, et le dopage n'étant pas réputé troubler l'ordre public.

Illustrons le comportement du dopé rationnel égoïste à partir du cas de Lance Armstrong, lequel s'assurait, en fin de carrière, un gain annuel de 23 millions d'euros grâce aux exploits inédits réalisés lors de ses sept Tours de France victorieux de 1999 à 2005, exploits qui paraissaient impossibles à expliquer « naturellement ». Armstrong a pris des substances illicites pour améliorer ses performances, et donc ses revenus futurs. Il a bénéficié d'avantages nets considérables, comme en témoignent les données suivantes : un revenu brut annuel de 23 millions d'euros en provenance de ses sponsors US Postal, Nike, Trek, Anheuser Busch ; une dépense liée à l'acte de dopage de 100 000 euros par saison pour acquérir de l'EPO, de la testostérone, de la cortisone, des transfusions sanguines ; une valeur des revenus légaux estimée à 300 000 euros (soit le montant qu'il aurait obtenu sans avoir recours à des substances illégales) ; et une « valeur » pour le risque d'être pris et sanctionné… voisine de zéro. Le choix du dopage par Armstrong est le fruit d'un arbitrage librement réalisé par le sportif, qui manifeste une grande préférence pour le présent liée à la particularité de son métier, à sa conception du sport et de la vie.

L'économie du crime théorisée par le Prix Nobel d'économie 1992 (Becker, 1968, p. 169 et suiv.) postule que la société est composée d'individus rationnels ayant pour objectif la maximation de leur profit lors de la prise de décisions comme celle de commettre ou non un délit, de conduire une voiture avec prudence ou non, etc. De la même manière, il est possible de dire que les sportifs choisissent rationnellement d'avoir recours ou non au dopage – activité illégale –, à l'aide d'un calcul économique réalisé en termes de coût d'opportunité : pour cela, ils évaluent, d'une part, l'espérance de l'ensemble des gains liés aux victoires, que ces gains soient monétaires (salaires, primes, publicité, etc.) ou non monétaires (réputation, image, palmarès, etc.). D'autre part, ils estiment le coût financier du dopage en le rapportant à ce que serait leur espérance de gains sans dopage, ils estiment également le coût lié à la sanction en cas de contrôle positif, en tenant compte ici à la fois du montant des condamnations et de la probabilité de se faire condamner. Dans l'hypothèse où les avantages l'emportent sur les coûts, sur la peur du risque, du déshonneur et du non-respect de l'éthique, ainsi que des conséquences pour leur santé, les sportifs commettront la tricherie. En tant qu'individus rationnels, ils sont censés procéder en permanence à ce calcul économique qui leur permet d'arbitrer entre des options contradictoires (Bourg, 2003, 2008, 2011).

Le cas de Lance Armstrong est éclairant à cet égard. Comme cela se produit fréquemment chez les champions, l'ambition d'Armstrong s'est nourrie d'une grande frustration remontant à son enfance. En effet, il est issu d'un milieu très défavorisé, avec des parents séparés (Goetghebuer, 2014, p. 20 et suiv.). Des psychiatres australiens ont mesuré le degré pathologique du coureur à l'aide de l'échelle de psychopathie de Hare et à partir d'un rapport *ad hoc* de l'Agence américaine antidopage

(USADA, 2012)[1]. Sur vingt critères (surestimation de soi, tendance au mensonge, duperie, absence de remords et de culpabilité, affect superficiel, manque d'empathie, etc.), Armstrong a recueilli une note de 13 sur 20, très au-dessus du seuil définissant les psychopathes « moyens », à savoir 7 ou 8 sur 20. On a trouvé chez lui : l'obsession de s'affirmer et d'arriver à tout prix, le sens de la manipulation, l'action à la place de la réflexion, l'absence de préoccupation éthique, la prédilection pour le mal, accompagnée d'une attitude de triomphe et de perversité… Selon les experts australiens, il présentait le profil psychopathologique du dopé potentiel motivé par l'appât du gain financier, mais également par le besoin de « régler ses comptes ». La fortune et la gloire accumulées dans le cyclisme ont constitué pour lui une forme de revanche sur les humiliations du passé. Une telle quête de reconnaissance et de statut social peut difficilement être endiguée par des règles morales. De surcroît, dans un contexte où, tout à leur logique commerciale, les médias survalorisent les exploits et les héros qui en sont les auteurs, puisque ce sont ces derniers qui leur procurent leur audience et leurs recettes publicitaires. De plus, le prestige des rétributions symboliques reçues détourne le champion de tout examen de conscience. Armstrong, en entrant dans la légende du sport avec sept victoires au Tour de France, a été reçu officiellement par, entre autres, Bill Clinton, George W. Bush et Nicolas Sarkozy, qui tour à tour ont salué sa combativité, son courage et son palmarès… Et il ambitionnait de devenir gouverneur de l'État du Texas à l'issue de sa carrière. Cependant, avec les conclusions de l'affaire dite « Armstrong » (USADA, 2012), le champion américain, dont le dopage a été avéré par des analyses rétrospectives de ses prélèvements, a été déchu de ses

1. *L'Équipe*, 18 janvier 2013.

victoires sportives ; ses gains financiers sont eux aussi remis en question, du fait non seulement du retrait de ses sponsors, mais aussi des multiples procédures engagées par ces derniers, qui devraient durer une dizaine d'années.

Le cas Armstrong illustre parfaitement les conclusions de Daniel Kahneman (2012) montrant en quoi les comportements humains peuvent être irrationnels, contre-productifs et parfois fort éloignés de la fiction de l'*homo œconomicus* ! En effet, les facteurs psychologiques, souvent inconscients, sont sous-estimés alors même qu'ils sont à la source d'erreurs cognitives qui faussent les raisonnements des acteurs économiques : excès de confiance, mimétisme, préjugés, méprises, emballements, humeur, etc. Des biais de jugement récurrents fourvoient l'analyse rationnelle, par exemple : le « biais de pseudo-certitude », qui consiste à décréter toujours valable une vérité d'hier ; l'« effet de halo », qui ne retient que ce qui va dans le sens d'une première impression ; l'« illusion du focus », qui nous fait croire que nous concentrer sur une chose importante (notre travail) va transformer notre vie ; ou encore l'« illusion des séries », qui nous fait percevoir à tort une convergence dans une série de hasards… Ces travers comportementaux poussent les individus soumis à une injonction de performance – des traders aux sportifs – à opter pour des décisions inconséquentes ou à prendre des risques inconsidérés. Il est fréquent que l'homme se retrouve dans des situations conflictuelles dans lesquelles il n'arrive plus à identifier où est son intérêt. Alors il fait des paris hasardeux, sacrifie ses principes, joue à la loterie. L'axiome de la rationalité individuelle est remis en cause par l'existence d'un mode de réflexion spontané, à la rapidité fulgurante (système 1), qui peut prendre le pas sur la pensée logique et pondérée (système 2), selon le dualisme conceptualisé par le Prix Nobel d'économie 2002 (Kahneman, 2012). De fait, les hypothèses sur le comportement maximisateur des individus ne sont pas vérifiées, car dans les faits l'homme s'égare dans une manière de penser biaisée, influencée par des institutions trompeuses.

De ce point de vue, la préférence pour le présent semble expliquer l'acte de dopage, bien plus que toute autre considération ou calcul. Aux États-Unis, des médecins ont réalisé entre 1982 et 1995 une enquête bisannuelle et anonyme auprès de 198 sportifs américains de niveau mondial, en leur proposant deux choix : « 1) – vous ne vous dopez pas et vous ne gagnez pas de compétition ; 2) – on vous fournit des substances dopantes avec la garantie de ne pas être contrôlé positif et de gagner toutes les compétitions pendant les cinq prochaines années, mais, après cette période, les effets secondaires de ces produits seront responsables de votre décès prématuré. Prendriez-vous ces substances ? » Plus de la moitié de l'élite ayant fait l'objet du sondage (52 %) a répondu oui à la seconde option, celle-ci étant plébiscitée par 99 % des sondés, si l'on supprime les risques engendrés par les effets secondaires. Seuls deux sportifs (1 %) ont refusé d'avoir recours à ces produits, même dans le cas où ceux-ci n'avaient pas de conséquence pour leur santé (Connor et Mazanov, 2009, p. 871-872). Des chercheurs de l'université de Canberra ont mené en 2008 une étude auprès d'un échantillon représentatif de l'ensemble de la population australienne, en posant les mêmes questions. Leur but était d'établir si le « dilemme de Goldman » était ou non spécifique aux sportifs de haut niveau. Sur les 250 personnes interrogées, âgées de 18 ans et plus, seulement deux (soit 0,4 %) étaient disposées à prendre des substances leur assurant la victoire lors de toutes les compétitions auxquelles elles participeraient, tout en sachant que ces produits provoqueraient leur mort (Connor et Mazanov, 2009, *op. cit.*). Confrontés à ce dilemme (succès sportif et décès / aucun des deux), les sportifs de haut niveau ont un comportement radicalement différent de la population générale, dans leurs objectifs et leurs motivations, tout au moins lorsque des hypothèses aussi extrêmes leur sont proposées : ils s'inscrivent massivement dans une logique absolue de compétition, de performance et de victoire, quitte à tricher avec l'éthique sportive à court terme, et à prendre des risques pour leur santé à moyen terme.

Mais la quête d'argent et de gloire n'explique pas nécessairement l'acte de dopage. L'existence de ce phénomène peut en effet être constatée dans toutes les disciplines, quels qu'y soient les enjeux financiers et médiatiques : aussi bien considérables (Formule 1, golf, tennis, football, rugby, basketball, etc.) que très faibles (tir à l'arc, escrime, pétanque, tir, billard, curling, etc.). En l'occurrence, c'est l'objet même du sport contemporain, à savoir la compétition (l'ego, l'estime de soi, la volonté de puissance, de domination et de reconnaissance), qui motive en premier lieu de telles pratiques : ainsi, les deux coureurs cyclistes condamnés à Arras le 7 novembre 1996 pour « acquisition non autorisée de stupéfiants » ne visaient pourtant pas la grande célébrité et ne dépendaient d'aucun sponsor, vu leur très modeste classement national, respectivement 3326e et 8033e dans la hiérarchie professionnelle (Vigarello, 2002, p. 271). Cette addiction au dopage se retrouve dans les professions à forte individualisation du travail et des carrières, celles où l'image de soi est importante : à plus forte raison dans des secteurs hautement concurrentiels comme la politique, le *trading* ou le show-business. On se tromperait en considérant l'argent comme le moteur exclusif du dopage. L'argent intervient seulement comme déterminant du type de dopage auquel recourent les sportifs (plus ou moins grande sophistication des produits, techniques et méthodes utilisées).

On le voit, cette approche du comportement rationnel et calculateur du sportif qui se dope est contestable. Le sportif ne peut être assimilé à l'*homo œconomicus*, car il lui manque des informations pour comparer toutes les combinaisons possibles de produits dopants selon les niveaux de satisfaction escomptés. En outre, il n'est plus libre de ses choix s'il veut atteindre un certain niveau. Le sportif n'est pas non plus un agent autonome mû exclusivement par des intérêts matériels et financiers. Enfin, sur le fond, il est difficile de considérer que le dopé a un comportement déviant, dans la mesure où l'éthique du sport est en fait illusoire.

2. C'est la faute des autres !

Le recours au dopage possède deux dimensions fondamentales. En premier lieu, il s'agit d'une action *illicite* puisqu'elle se traduit par un non-respect de règlements régissant la pratique du sport de compétition. En second lieu, c'est une décision *stratégique* dans la mesure où elle est prise dans un environnement d'interactions stratégiques entre tous les sportifs concurrents (Eber, 2008a, p. 207 et suiv.). L'approche par l'économie du crime centre l'analyse sur la première caractéristique (dimension *illicite*, voir *supra*). L'approche par la théorie des jeux se focalise sur la seconde (dimension *stratégique*, voir *infra*)[1], les agents concernés étant liés par des relations d'interdépendance. Dans de telles situations, la théorie des jeux permet d'apprécier les comportements individuels,

1. La théorie des jeux a été créée dans les années 1920 par les mathématiciens Émile Borel et John von Neumann, puis utilisée en économie à partir du milieu du XXe siècle et consacrée par le prix Nobel d'économie 2012 décerné à deux de ses spécialistes contemporains (Lloyd Shapley et Alvin Roth). Les premières approches du dopage par la théorie des jeux datent de la fin des années 1980 (Eber, 2008a).

d'évaluer leur résultante au plan collectif et de voir de quelle manière les sportifs coordonnent ou non leurs stratégies[1]. Le grand avantage de l'étude du dopage par la théorie des jeux est qu'elle permet d'intégrer dans l'analyse les interactions stratégiques entre les divers acteurs du dopage (sportifs, dirigeants, médecins, sponsors, fédérations, etc.), ainsi que plusieurs phénomènes importants (l'impact des asymétries d'information, le rôle des incitations, l'effet de fin de carrière, l'influence des normes de fair-play, etc.).

« Lance Armstrong était décomplexé sur le sujet du dopage. L'une de ses règles était : quoi que tu fasses, les autres salopards feront plus ! » témoigne son ancien coéquipier Tyler Hamilton[2]. Le sportif évolue dans un climat de paranoïa généralisée, ne se culpabilise pas, n'éprouve aucun sentiment de déshonneur, car il considère que la fin justifie les moyens et que tout le monde se dope. « Il faut savoir que, dans le peloton, on est persuadé que les meilleurs le sont parce qu'ils ont un "truc", mais jamais parce qu'ils s'entraînent mieux ou qu'ils ont tout simplement plus de classe[3]. » Le propos du Dr Jean-Pierre de Mondenard éclaire l'interdépendance comportementale des sportifs, qui font tout pour avoir accès eux aussi aux produits miraculeux dont disposent leurs concurrents : « Je suis sur le point de trouver ce que prend Merckx[4] », indiquait à cet ancien médecin

1. Le jeu est dit coopératif lorsque les individus peuvent communiquer et s'engager à prendre certaines décisions. Le jeu est dit non coopératif lorsque les individus adoptent à chaque instant un comportement égoïste et opportuniste.

2. Tyler Hamilton et Daniel Coyle (2013), *La Course secrète*, Presses de la Cité.

3. Jean-Pierre de Mondenard et David Garcia (2009), *La Grande Imposture*, Hugo & Cie, p. 106 et suiv.

4. *Ibid.*

du Tour de France un coureur français dans les années 1970. Et Gino Bartali fouillait à chaque étape du Giro 1946 les poubelles de Fausto Coppi. Originellement, c'est la compétition contre des adversaires ou pour se surpasser soi-même qui entraîne le dopage. Puis la spirale s'enclenche. À mesure que les drogues de la performance montrent leur efficacité en accroissant la compétitivité des uns, elles attirent irrésistiblement les autres sportifs, anxieux de « rester dans la course » et de ne pas se faire exclure de la profession.

La théorie des jeux permet d'analyser ce type de problématique, en dépassant la stricte rationalité individuelle traditionnellement prise en compte dans l'économie du crime, pour intégrer les comportements des sportifs désireux de se procurer un avantage concurrentiel. En effet, si le ressort initial de l'action humaine est toujours l'intérêt pécuniaire, l'intérêt moral ou encore la recherche de notoriété, la théorie des jeux élargit l'analyse aux interactions entre agents rationnels qui, évoluant en univers incertain, fondent leurs prises de décision sur un calcul de probabilités à partir de diverses hypothèses : le sportif a le choix entre se doper et ne pas se doper ; il ne sait pas si ses adversaires se dopent, ni, si tel est le cas, avec quels produits ; le sportif considère que le dopage est efficace ; le sportif agit rationnellement pour atteindre son objectif.

Le sportif sait qu'il est en compétition avec trois catégories d'athlètes (Mondenard, 2010) : ceux qui ne se dopent pas ou plus (une minorité), ceux qui se dopent de façon artisanale, imprudente et peu efficace en raison de la modestie du budget disponible, ceux qui se dopent scientifiquement avec des molécules de synthèse indétectables et performantes (une majorité de l'élite). Le dopage soulève un problème relevant de la théorie des jeux en général et du « dilemme du prisonnier » en particulier (Berentsen, 2002 ; Eber, 2008a). Prenons l'exemple de deux athlètes A et B. Chacun d'eux peut soit se doper, soit ne pas le faire. Trois situations se présentent alors. Si les deux ne se dopent pas, une hiérarchie strictement sportive apparaît. Si l'un se dope mais pas l'autre, le dopage peut suffire à faire gagner le dopé. Si les deux se dopent, et en supposant que les effets des substances consommées soient identiques, la hiérarchie sportive est rétablie.

Quels enseignements tirer de ces cas de figure ? Tout le monde se dope, chacun anticipant que l'autre va se doper. Au final, le résultat sportif est le même, mais tous ont mis leur vie en danger. Chaque athlète aurait intérêt à éviter un comportement illicite, mais l'adopte malgré tout pour se prémunir d'une éventuelle trahison de l'accord. Nous nous trouvons dans une situation comparable à celle illustrée par le dilemme le plus célèbre de la théorie des jeux. Dans notre exemple, la poursuite indépendante de l'intérêt personnel par les deux athlètes fait que l'un et l'autre y perdent : en termes de santé, d'espérance de vie et d'éthique notamment. Une situation sous-optimale en résulte. De fait, il existe d'autres situations où tout le monde pourrait être mieux, si les comportements étaient moins « individualistes ». Chacun aurait intérêt à évoluer dans un climat de confiance, de loyauté et de coopération. Mais les agents économiques préfèrent fonctionner sans coordination. Le « dilemme du prisonnier » remet en question le « théorème de la main invisible » selon lequel la recherche du profit personnel est une bonne chose pour la collectivité, et donc pour les membres de celle-ci.

Il est démontré que ce jeu caractéristique du « dilemme du sportif » est instable (Eber, 2008a), et que le gain potentiel du dopage est supérieur à son coût. Chaque sportif est partagé entre sa rationalité individuelle, qui le pousse à utiliser des produits dopants, et sa rationalité collective, qui l'incite au contraire à collaborer à un sport sans dopage. Certes, chaque sportif préférerait exercer sa profession sans se doper, mais chacun est gagnant à se doper, si l'autre, lui, ne le fait pas. Du coup, le dopage devient une stratégie dominante et se généralise : A et B se dopent, car, quelle que soit la stratégie retenue par l'adversaire, il est plus rémunérateur pour chacun d'agir ainsi. Les conclusions du modèle dépendent donc des valeurs revêtues par les probabilités de victoire, de contrôle positif et de sanction, ainsi que par le montant de la dotation en jeu. Aussi apparaît-il nécessaire d'accroître le coût du dopage en augmentant la fréquence et l'efficacité des contrôles, ainsi que le niveau de la sanction – notamment financière –, avec un barème discriminant de pénalités : celles-ci étant plus élevées dans le cas où le tricheur est le vainqueur que lorsqu'il est le perdant (Berentsen, 2002).

À moins de changer les stratégies des sportifs en renforçant les valeurs éthiques ou en pratiquant une détection et une répression efficaces, le dopage est inéluctable dans la pratique sportive de haut niveau. Il est établi que son ampleur dépend de plusieurs variables : plus l'écart des dotations monétaires entre le vainqueur et le vaincu est grand, plus l'incitation au dopage est forte ; plus la saison compte d'épreuves sportives, plus le sportif tend à se doper, car les revenus sportifs augmentent avec le nombre d'épreuves, alors que le coût du dopage, lui, varie faiblement ; moins le système de détection et de sanction des dopés est efficace, moindre est le coût immédiat du dopage pour le sportif ; moins le sportif perçoit le danger du dopage pour sa santé, plus il se dope ; moins le sportif éprouve un sentiment de culpabilité et de déshonneur, plus il triche.

Pour le champion, gagner grâce à un artifice ne réduit pas la fierté retirée de la victoire. En effet, les sportifs se persuadent qu'ils n'ont pas triché, puisqu'ils n'ont pas été pris ! Par leur existence même, les contrôles antidopage, bien qu'inefficaces, légitiment de fait les performances des dopés. Un des dopeurs les plus célèbres au monde le confirme : « Tout ce qui n'est pas détecté par le contrôle n'est pas du dopage[1]. » De plus, les sportifs estiment que leurs adversaires non seulement utilisent les mêmes méthodes qu'eux-mêmes, mais encore font pire de leur côté. Certes, l'ensemble du milieu sportif regrette et critique le dopage, qui, à l'évidence, a un coût financier, sanitaire et moral. Tous les acteurs déclarent régulièrement y renoncer pour de bon. Mais personne n'applique cette résolution, parce que chacun est convaincu que les autres continuent. Cette autopersuasion alimente la généralisation du dopage, elle explique la contradiction entre le discours affiché et les pratiques effectives, mais également le déni récurrent des réalités. L'analyse économique l'a montré : il est classique que les marchés ou domaines caractérisés par un tel contexte de défiance (cf. les domaines de l'armement, de la pollution ou de l'éthique) engendrent ce type de stratégie dite du « passager clandestin ». Ainsi, par exemple, il a été mis en évidence que la plupart des contribuables seraient d'accord pour ne pas frauder l'administration fiscale si on leur certifiait que tout le monde se soumet effectivement à la même exigence. Cette condition préalable étant impossible à satisfaire dans la mesure où il est impossible d'apporter la preuve que chacun respecte la loi, la fraude continue.

La solution au dopage, dans ce contexte ? Que le comportement des acteurs soit dicté par des considérations morales, chacun rejetant la tricherie pour lui-même quel que soit le comportement qu'il anticipe chez ses concurrents. C'est ainsi que l'existence de normes de fair-play, de chartes déontologiques et de programmes d'éducation des jeunes sportifs

1. Le Dr Michele Ferrari dans *L'Équipe*, 6 octobre 2005.

peut modifier la nature du jeu, offrir une autre issue et limiter le dopage (Eber, 2008b). Cette valorisation de l'éthique aurait pour objet de réduire la satisfaction que le sportif dopé associe à une victoire usurpée, au moyen d'une qualification péjorative de son abus de confiance, et ainsi à amener les sportifs vers une norme comportementale crédible contre le dopage. On pourrait espérer une diminution plus forte du dopage si les sportifs eux-mêmes passaient – entre eux – des accords volontaires qui aboutiraient à créer des coalitions stables dont la taille serait suffisante pour abaisser le nombre de tricheurs (Cavagnac, 2009). Par ailleurs, certains chercheurs font des propositions pour transformer le dopage en stratégie perdante. Ils suggèrent ainsi le dépôt obligatoire en début de saison d'une liste des substances prises par chaque sportif (Andreff, 2015, p. 100-104). Dans ce cas, deux possibilités pourraient se présenter lors d'un contrôle : si la liste préalable est conforme (elle inclut tous les produits effectivement détectés), pas de sanction ; si elle est incomplète ou fausse, exclusion à vie. L'instauration de ce système de contrôle par déclaration préalable permettrait de passer d'une politique de lutte individuelle à un système de régulation mutuellement organisé. Ce type d'incitations devrait donc être conçu et mis en œuvre de telle façon que l'intérêt des sportifs soit de ne pas se doper. Le point crucial est de trouver des règles qui conduisent les sportifs à être convaincus que le dopage n'est pas une pratique qui leur fait gagner plus que ce que leur permettent leurs capacités physiques et psychiques, dès lors qu'il ne crée plus un avantage différentiel sur leurs concurrents (Andreff, 2015).

Certes intéressants et utiles pour comprendre les critères de choix des agents, les apports de la théorie des jeux ne suffisent toutefois pas à expliquer ce qui détermine les choix stratégiques. Ceux-ci ne dépendent pas uniquement de considérations rationnelles, mais d'éléments qui peuvent varier selon les contextes spécifiques. Chaque domaine est singulier, offrant des éléments d'information parfois insuffisants pour élaborer des hypothèses et prendre des décisions parfaitement rationnelles. De plus, l'efficacité des substances étant très inégale selon la façon dont elles sont associées et selon les particularités de chaque sportif et de chaque discipline, il est irréaliste de poser l'hypothèse d'une probabilité identique de victoire pour chaque sportif en cas de dopage généralisé. Enfin, il apparaît évident que l'activité sportive ne relève pas dans son ensemble d'un strict calcul économique et individuel. Il faut donc dépasser une vision du dopage trop centrée sur l'utilitarisme de la tricherie : poser en postulat que les gains financiers ou symboliques constituent le mobile principal, sinon exclusif, des conduites dopantes, semble réducteur.

3. Ce que la société nous apprend à faire !

Une autre perspective consiste à ne plus partir de l'analyse du comportement individuel des sportifs et des interactions stratégiques entre ces derniers, mais à formuler d'autres hypothèses pour tenter d'appréhender la complexité du dopage. Celui-ci s'inscrit en effet dans un certain contexte historique, culturel et social. Le sportif professionnel n'est pas guidé par le seul appât de gains financiers. Il essaie de se mettre à la hauteur des attentes qu'il suscite et de ne pas les décevoir : on se dope aussi pour garder son rang, pour rester digne de l'admiration de ses supporters. Les conduites dopantes proviennent des habitudes et des traditions, de la logique des institutions, lesquelles facilitent, orientent les décisions des acteurs sportifs. Cela contribue à déterminer les comportements des athlètes, en correspondance avec l'objet du sport de compétition défini dans la devise olympique : « Plus vite, plus haut, plus fort[1]. »

Le sport professionnel est un univers de représentations, d'affects collectifs, de passions et de croyances. Les préférences des individus se construisent dans l'interaction avec leur entourage et avec les autres sportifs conformément à l'« hypothèse mimétique », ce qui explique la généralisation du dopage (Orléan, 2011). La façon dont se prennent les décisions de se doper est dictée par l'influence des autres et par le désir ostentatoire de briller. Un commentaire de Robert Chapatte, ancien coureur (dopé) et journaliste sportif, sur l'amphétamine prise dans les pelotons durant les années 1960, traduit une culture du dopage connue et admise par tous et de tout temps : « Roger Rivière n'a pas couru le Grand Prix des nations à jeun. Et nous ne saurions ici le lui reprocher. Comme le répète souvent Antonin Magne, on ne va pas à la chasse sans cartouches[2]. » Au sein de ce nouvel « âge » du sport télévisé et commercialisé, « faire le métier » signifie « se doper ». Dès les années 1950, Fausto Coppi détaillait devant un journaliste de la RAI la composition de la « bomba », un cocktail d'amphétamines, de caféine et de cocaïne, et précisait à quelle fréquence il la consommait : « chaque fois que nécessaire, c'est-à-dire pratiquement tout le temps[3] ».

Ce type de conduite dopante s'explique au moins en partie

1. La formule, due au père Didon qui fit rentrer le sport à l'école Albert-le-Grand d'Arcueil en 1891, devint la devise olympique quand Pierre de Coubertin l'associa à la rénovation des Jeux en 1896.

2. Mondenard et Garcia, *op. cit.*, p. 6.

3. Gilles Goetghebuer (2014), *Dopage. Le livre qui fait le point sur les mythes, les mensonges et sur ce scandale permanent*, La Boîte à Pandore, p. 5.

par la pression qu'exercent les institutions sur les individus, et par le fait que les sportifs sont pris dans un réseau de dépendance mutuelle. Ils sont également influencés par la confiance qu'ils placent dans ces institutions : « J'ai pris des vitamines, du Guronsan, des boissons énergétiques, des anesthésiants, des antidouleurs, des infiltrations lorsque j'avais des entorses. J'aurais tout accepté pour jouer, et j'acceptais tout ce qu'on me donnait dans le vestiaire. Moi, j'avais confiance en mes dirigeants. On m'a peut-être dopé, mais je ne me suis jamais dopé volontairement », affirme Vikash Dhorasoo, ancien international de football et joueur du Paris-Saint-Germain (*Le Monde*, 2 février 2013).

Les sportifs, à l'instar des divers marchés sur lesquels ils évoluent, sont « encastrés », au sens de Karl Polanyi (1944, 1983), dans une société porteuse de valeurs. Or celle-ci promeut le sport-spectacle autour des valeurs de compétition et de domination. Les institutions sportives – locales comme régionales, nationales et internationales – s'autoreproduisent depuis l'émergence du sport moderne, c'est-à-dire depuis la fin du XIXe siècle. Il est toujours préférable d'avoir été un ancien sportif de haut niveau (dopé !) pour prétendre devenir éducateur dans un centre de formation, entraîneur d'une équipe professionnelle, dirigeant de club ou de fédération, salarié dans l'industrie du sport, consultant pour la presse écrite, la radio ou la télévision, ministre des Sports…

Le secteur du sport est le secteur par excellence où les rapports institutionnels sont structurés par des conventions – explicites ou non –, des coutumes, des normes sociales. Autrement dit, il y a un primat du collectif sur l'individuel, car les acteurs sont enracinés dans un milieu très codifié et relativement immuable. L'acte de dopage y apparaît comme la résultante d'enchaînements multiples liés à l'organisation collective du spectacle sportif. L'*homo œconomicus* abstrait doit céder la place à l'*homo sportivus* ancré dans un univers spécifique, dont les décisions s'appuient sur des règles préétablies et des traditions (Bourg, 2011).

On comprend mieux ainsi pourquoi le dopé se considère comme un individu qui fait les sacrifices indispensables pour être reconnu, pour surmonter les difficultés de sa profession, pour poursuivre son rêve (Mignon, 2002, p. 51) : « Je voulais avant tout conserver ma vie de cycliste professionnel. J'aimais tellement cela, ce sport, ces voyages ! » explique Éric Zabel, six maillots verts du Tour de France, dopé de 1996 à 2004 à l'EPO, à la cortisone et aux produits sanguins [1]. Il s'agissait pour lui de remplir les termes de son contrat (implicite) de travail, en poussant à l'extrême la logique du sport de haut niveau, suivant en cela les conseils des experts qui l'entouraient (Brissonneau, 2007, p. 146). Celui qui ne respecte pas ce postulat est exclu de la profession : Christophe Bassons, un des très rares coureurs à avoir résisté à la tentation du dopage, a été contraint en 2001, devant le rejet qu'a suscité sa lutte antidopage dans le milieu cycliste, d'interrompre sa carrière à 27 ans. On reste songeur face à l'attitude pour le moins paradoxale qu'ont eue les autorités sportives, tolérantes vis-à-vis du dopage qu'elles sont censées combattre et indifférentes à l'égard du harcèlement dont a été victime celui qui récusait la fatalité du dopage (Mondenard et Garcia, 2009, p. 73-93).

Les institutions entretiennent, de fait, les rapports troubles qui existent entre le sport business, la morale et la santé. Les scandales récurrents (dopage planifié par l'État dans l'ex-République démocratique allemande et la République fédérale d'Allemagne, affaires Puerto en Espagne, BALCO

1. *Le Monde*, 30 juillet 2007.

aux États-Unis, Festina en France, Fédération internationale d'athlétisme) ont mis en évidence les collusions explicites ou implicites entre tous les acteurs de l'industrie du spectacle sportif (États, fédérations sportives, organisateurs sportifs, médias, sponsors, médecins du sport, etc.). Le témoignage de Tyler Hamilton, ancien coéquipier d'Armstrong, le confirme : « Dans ce système, tout le monde est complice, le directeur de l'équipe, les propriétaires, les sponsors, les médias, l'Union cycliste internationale. Tout le monde ferme les yeux. Il faut savoir que les médecins obtiennent des bonus selon les résultats de l'équipe. C'est des "pousse-au-crime". Et les sponsors veulent des résultats rapides. J'entends encore Oleg Tinkov, milliardaire russe et propriétaire de notre équipe en 2007 : "Je me fous de ce que vous prenez, mais ne vous faites pas prendre[1] !" »

On ne peut que constater l'absence de coopération entre l'instance de régulation du dopage et l'industrie pharmaceutique. Alors qu'elles pourraient introduire des marqueurs dans les produits ayant recueilli l'autorisation de mise sur le marché (AMM) – solution technique pour la traçabilité des substances –, elles ne le font pas, ce qui souligne l'acceptation partagée du *statut quo* profitable aux deux acteurs. Les faibles moyens budgétaires de l'AMA traduisent quant à eux un manque de volonté de ses contributeurs publics et sportifs, ce qui s'explique aisément puisque ces derniers sont les principaux bénéficiaires des retombées des victoires sportives des champions. Les intérêts croisés entre firmes pharmaceutiques, institutions sportives internationales et sportifs dopés sont révélés par l'intrication de leurs relations. Par exemple, au début des années 2000, la société américaine Amgen produisait 80 % de l'offre mondiale d'EPO, le

1. Hamilton et Coyle, *op. cit.*

dopant le plus utilisé dans les pelotons ; et, dans le même temps, elle co-organisait des courses cyclistes et sponsorisait le Tour de Californie, rebaptisé « Amgen Tour ». Un de ses principaux actionnaires (Thomas Weisel) était à la fois l'ami et le gestionnaire de fortune de Lance Armstrong et de Heinz Verbruggen, président de l'UCI (Goetghebuer, 2014, p. 48). De façon plus globale encore, les preuves de l'organisation de filières de dopage à l'échelle d'un pays (stockage, approvisionnement, suivi) ont été fournies dans un rapport publié en février 2013 par l'agence gouvernementale Australian Crime Commission. Une fois de plus, le récent scandale de la Fédération internationale d'athlétisme montre l'ampleur du dopage organisé. Des membres de cette fédération ont rançonné des athlètes dopés en contrepartie de leur non-radiation de la liste des sélectionnés à des compétitions officielles. Un laboratoire russe accrédité auprès de l'AMA a détruit des échantillons sanguins. Un laboratoire d'analyses « souterrain » a produit des analyses falsifiées. Des complicités jusqu'au plus haut niveau de l'État russe ont permis au système de corruption de fonctionner efficacement (Pound *et al.*, 2015 ; McLaren, 2016a et 2016b). La principale conclusion que l'on peut en tirer est que la pérennisation du dopage s'explique par l'existence d'une vaste chaîne de complicités : classe politique, mouvement sportif, monde médical, médias, etc.

Les institutions publiques

Les personnalités politiques ont un discours plus qu'ambivalent sur le dopage. Le 5 juillet 1999, après son exclusion du Giro à la suite d'un contrôle positif à l'EPO, Marco Pantani reçoit le soutien officiel du président du Conseil italien, Massimo D'Alena, et du président de la Commission européenne, Romano Prodi[1]. Plus explicite encore, Nicolas Sarkozy avouait son admiration sans réserve pour Lance Armstrong : « Son parcours est exceptionnel... S'il y a une pilule, il faut me la donner !... Même Astérix prenait de la potion magique. On ne peut pas ramener Lance Armstrong à cette seule dimension[2]. » L'amitié entre le coureur américain et l'ancien président de la République française serait même à l'origine de la démission forcée, en 2010, du président de l'Agence française de lutte contre le dopage (AFLD), qui tentait de s'opposer aux protections politiques et sportives du champion américain notamment lors du Tour de France 2009[3].

Plusieurs témoignages, dont celui de Marie-George Buffet, ministre française des Sports en exercice à cette date, avouant avoir cédé sous les pressions de toutes sortes, ont révélé la « protection » dont a bénéficié l'équipe de France de football, avant et pendant la Coupe du monde 1998, afin que les Bleus, futurs champions du monde, ne soient pas exposés à des contrôles inopinés, et ce, dans l'« intérêt supérieur » du pays (Sénat, 2013, t. II). Les autorités gouvernementales françaises ont même accédé à la demande qui leur a été faite par la Fédération internationale de football association (FIFA) : celle de détruire des échantillons prélevés dès l'issue de l'événement, éliminant ainsi toute possibilité de contre-expertise ultérieure et de preuve de dopage[4]...

Le magistrat instructeur de l'affaire Festina Patrick Keil a été victime de menaces, de pressions et de tentatives d'intimidation : « Contre l'avis de ma hiérarchie, j'ai osé toucher à la poule aux œufs d'or qu'on appelle Tour de France... Peu

1. *Le Monde*, 11 juillet 2013.
2. *L'Équipe Magazine*, 31 mars 2007.
3. *Sport et Vie*, juillet-août 2013.
4. *L'Équipe*, 26 juillet 2013.

de temps avant la mise en examen de Richard Virenque, le président du tribunal m'a convoqué pour me dire que j'étais indépendant mais que, dans quelques années, "on parlerait encore de Richard Virenque !", sous-entendu plus de moi. J'aurais pu mettre en examen pour "complicité par abstention" Jean-Marie Leblanc, le directeur du Tour de France de l'époque, car il apparaissait dans la procédure qu'il ne pouvait ignorer que les coureurs se dopaient. Pourtant, il ne faisait rien pour les en empêcher. Mais cette mise en examen aurait flingué le Tour. J'ai été raisonnable. Avec le recul, j'aurais dû aller jusqu'au bout... Ceux qui fournissaient le cyclisme en dopants fournissaient aussi les joueurs de football... Mais comme nous étions en 1998, que la France venait de gagner la Coupe du monde de football, ce volet n'a pu être exploré... Onze ans après l'affaire Festina qui a révélé un dopage généralisé, industrialisé et pris en charge par le staff médical, rien n'a changé. Les techniques de dopage se sont simplement améliorées[1]. »

La publication du rapport rédigé par des chercheurs de l'université Humboldt de Berlin sur « Le dopage en Allemagne de l'Ouest de 1950 à nos jours » a été bloquée en 2008 par ses propres commanditaires : Comité national olympique allemand, Institut fédéral pour la recherche sportive et ministère de l'Intérieur. Sous la pression de l'opinion publique, le document a finalement été mis en ligne en 2013, dans une version tronquée de la centaine de pages compromettantes et nominatives pour les personnalités du monde sportif, scientifique et politique[2]. Ce rapport mesure l'ampleur du dopage au cours des décennies passées et montre comment l'organisation du détournement de la recherche officielle sur l'efficacité des produits dopants

1. Patrick Keil (2009), *Du barreau aux barreaux. La descente aux enfers du juge de l'affaire Festina*, Jean-Claude Gawsewitch.

2. *Le Monde*, 10 août 2013.

était soit tolérée, soit encouragée par des institutions sportives, soutenues et financées par les pouvoirs publics. Le contexte de guerre froide Est-Ouest, la partition et la rivalité entre les deux Allemagnes, ainsi que la perspective de l'accueil des JO à Munich en 1972, ont amplifié l'étatisation du dopage *via* le ministère de l'Intérieur, en charge de la tutelle du sport.

Les institutions sportives

Le rapport de l'Agence américaine antidopage sur Lance Armstrong a établi de façon formelle que le dopage était une obligation pour tous les coureurs, obligation qui figurait dans le règlement intérieur de l'US Postal. Une telle pratique devait permettre d'atteindre les objectifs du leader de l'équipe, celle-ci s'occupant de l'approvisionnement, du financement et du suivi médical (USADA, 2012). De nombreux dopés repentis ont raconté la pression structurelle exercée par le milieu. Il est vrai que l'équipe gère la rémunération et l'avenir du coureur. « Si les résultats de la saison ne sont pas bons, alors que le coureur n'a pas souscrit au protocole dopant de son employeur, il peut se retrouver au chômage », explique Greg LeMond, triple vainqueur du Tour de France[1]. Un tel rapport de force infléchit les prises de décision du coureur, qui peut être amené à opérer un choix qu'il n'aurait peut-être jamais fait dans d'autres conditions. Le démantèlement d'un trafic de produits dopants autour de l'équipe cycliste Cofidis a également mis en évidence des modes de financement illégaux. Cette société de crédit par téléphone versait d'importantes sommes (5 millions d'euros sur trois ans, 2001, 2002 et 2003) à la société écran Vantalux, elle-même domiciliée au Luxembourg, paradis fiscal bien connu, pour rémunérer

1. *Le Monde*, 23 juillet 2009.

ses coureurs sous forme de droits d'image. Cette opération illégale réduisait les charges sociales et fiscales de Cofidis et de ses salariés, et alimentait une caisse noire affectée à l'achat de produits illicites en provenance notamment d'Europe centrale et de l'Est.

De nombreux experts ont attesté que Lance Armstrong avait bénéficié, durant sa carrière, de l'appui de l'UCI. Un rapport de l'AFLD du 5 octobre 2009 détaille les dysfonctionnements du dispositif antidopage de l'UCI – vis-à-vis des règles du code mondial antidopage – lors de diverses éditions du Tour de France. Il apparaît que ce laxisme avait pour but de protéger l'équipe Astana de Lance Armstrong et d'Alberto Contador, selon les modalités suivantes : dépassement des délais légaux du prélèvement après la notification du contrôle pour se présenter aux médecins dûment mandatés (soit un laps de temps suffisant pour faire disparaître la présence de dopants) ; absence de contrôles sanguins prévus par les textes ; non-transmission par l'UCI d'informations sur la localisation des coureurs avant l'épreuve pour diligenter des contrôles inopinés ; publication prématurée des noms des coureurs désignés pour les contrôles, permettant aux équipes de procéder à des manipulations biologiques sur les paramètres des échantillons ; conservation des prélèvements au mépris des protocoles (hors glacière), d'où risque de détérioration des échantillons et d'invalidation des résultats des tests ; non-respect des procédures de contrôle, cela ouvrant la porte aux recours juridiques ultérieurs[1]. De son côté, le directeur de l'USADA, Travis Tagart, a stigmatisé les pressions exercées par l'UCI sur les témoins dans l'affaire Armstrong, afin de les dissuader de parler (Sénat, 2013, t. II). En outre, il a été établi

1. *Le Monde*, 6 octobre 2009.

que le président de l'UCI avait sollicité le ministère des Sports français afin que tous les tests réalisés lors du Tour de France 1998 soient détruits sous quarante-huit heures. Requête non satisfaite, ce qui a permis six ans plus tard, en 2004, d'identifier l'EPO dans des échantillons de 1998 après la mise au point d'une nouvelle technique de détection[1].

En Italie, la police et la justice ont découvert à partir de vastes enquêtes menées en 1998 et 2004 dans le football, le cyclisme et l'athlétisme, que le dopage des années 1980, 1990 et 2000 était une pratique répandue, structurée et organisée au plus haut niveau de l'administration du sport transalpin (le CONI et ses 38 fédérations), avec l'appui technique d'équipes médicales et hospitalières publiques. Au mois d'octobre 1998, les mises en examen de Mario Pescante, président du CONI, et du Dr Francesco Conconi, président de la commission antidopage de l'UCI, également membre de la même instance au sein du CIO, ont révélé la connivence de certains dirigeants sportifs et scientifiques. Des procédures judiciaires ont été diligentées pour enquêter sur le détournement de fonds d'origine publique à des fins d'expérimentation de produits dopants. Deux milliards d'euros avaient en effet été détournés à cet effet en faveur de l'université de Ferrare de 1980 à 1997, afin de mettre au point des dopants indétectables, alors qu'ils étaient censés financer la recherche contre le dopage.

Dans le sport, les conflits d'intérêts sont légion, les institutions sportives ayant souvent un double statut de juge et partie. En cyclisme, les contrôles antidopage sont fréquemment placés sous la responsabilité d'un pouvoir sportif laxiste (l'UCI). Au tennis et au golf, de tels contrôles, d'institution récente, sont supervisés par l'Association of Tennis Professionals (ATP) et la Professional Golfers' Association (PGA), qui sont tout

1. *L'Équipe*, 26 juillet 2013.

à la fois syndicats des joueurs et cogestionnaires du circuit international. L'ATP et la PGA protègent l'anonymat de leurs adhérents dopés, et tantôt leur appliquent des sanctions internes de façon opaque, tantôt les blanchissent. L'usage généralisé de stéroïdes anabolisants en Major League Baseball (MLB), l'un des quatre principaux championnats nord-américains, est dû à la complaisance de ses dirigeants et des propriétaires de franchises (clubs). Jusqu'à ces dernières années, on ne peut que constater le faible nombre des produits interdits (l'hormone de croissance étant autorisée), des contrôles (un seul test obligatoire par saison) et des sanctions prononcées. Ces dernières sont peu coercitives : au premier contrôle positif, obligation de consulter un médecin ; du deuxième au quatrième, menace de suspension ; à partir du cinquième contrôle positif réalisé consécutivement, possibilité de suspension d'une année[1].

Le rôle des institutions sportives dans l'accompagnement médicalisé de la performance trouve un bon exemple dans le rugby de haut niveau. Un joueur de l'équipe de France 1995, Laurent Bénézech, en a détaillé le programme lors de son audition sous serment par une commission sénatoriale en 2013 : il a indiqué avoir bénéficié d'un traitement aux corticoïdes prescrit par les médecins de la Fédération française de rugby (FFR), avec l'accord du sélectionneur et du président de la Fédération. Selon cet ancien international devenu médecin, le dopage dans le rugby est désormais parvenu au même niveau que celui du cyclisme avant l'affaire Festina en 1998. Évolution des pratiques qui paraît inéluctable, compte tenu de la progression du temps de jeu par match – soit le nombre de minutes durant lesquelles le ballon circule à l'intérieur du terrain – (20 min durant les années 1980, 30 min durant les années 1990, 40 min durant les années 2000, plus de 50 min

1. *Sport et Vie*, n° 89, 2006.

envisagées lors de la Coupe du monde 2019), de la recherche de masse musculaire et de poids pour amplifier l'impact des percussions contre l'adversaire, de l'augmentation du nombre de placages et de la répétition des matches de haut niveau (Sénat, 2013, t. I et II).

Aux États-Unis également, la crédibilité des autorités sportives a été mise en doute en 2003. Wade Exxum, ancien responsable de la lutte contre le dopage du Comité olympique américain, révélait que, entre 1988 et 2000, plus d'une centaine d'athlètes avaient été testés positifs sans faire l'objet de sanctions (dont Carl Lewis avec trois substances interdites), alors même que ces sportifs avaient conquis des titres planétaires : Tim Montgomery, recordman du monde du 100 mètres, Marion Jones, quintuple médaillée olympique en 2000, Michelle Collins, championne du monde du 200 mètres en salle. Ils étaient tous clients de BALCO, une société californienne commercialisant la THG[1]. Comme dans la plupart des cas, c'est une institution non sportive qui a été à l'origine de cette enquête. Institution policière en l'occurrence, puisqu'il s'agissait des brigades financière et antistupéfiants des États-Unis. On a appris ainsi en 2003 que BALCO avait élaboré à partir de l'an 2000 une véritable planification « scientifique » baptisée Project World Record, destinée à plusieurs de ses athlètes.

Les médecins

Protection de la santé ou assistance à la performance ? Serment d'Hippocrate ou serment d'hypocrite ? s'interroge le Dr Jean-Pierre de Mondenard[2]. Chez un sportif, *a priori*

1. *Sport et Vie*, n° 78, 2003.
2. *Athéna*, n° 272, 2011, p. 32.

sujet sain, le recours à un médicament en dehors de toute indication thérapeutique légitime constitue une prise de risque déplacée et déontologiquement condamnable. Or l'ancien champion cycliste américain Greg LeMond est catégorique : « Le médecin est payé pour une seule chose, apporter le meilleur programme dopant au coureur sans se préoccuper le moins du monde de son bien-être. Celui qui obtient des résultats significatifs peut gagner plus d'argent que celui qu'il prépare. Il sait aussi convaincre le coureur que le protocole en cours n'est pas néfaste pour son organisme, et mieux, qu'il est même soucieux de sa santé[1]. » Une enquête menée en 2009 auprès de 29 médecins, spécialistes des questions d'éthique, le confirme, en révélant que 28 d'entre eux sont favorables à la légalisation du dopage[2].

En Italie, laxisme politique et vide législatif ont anéanti plusieurs procédures judiciaires diligentées contre des médecins. Tout d'abord, Michele Ferrari, mis en cause pour son rôle dans l'administration de substances dopantes à des sportifs de très haut niveau (Lance Armstrong, Mario Cippollini, Laurent Jalabert), a été condamné en 2004 à un an de prison avec sursis pour fraude sportive et exercice illégal de la profession de pharmacien ; cette peine (très légère) a été annulée en appel pour prescription des faits. Ensuite, Riccardo Agricola, qui alimentait entre 1994 et 1998 la pharmacie de la Juventus de Turin, avec 281 types de médicaments correspondant aux besoins d'une ville de 20 000 habitants et en réalité dédiés à une quarantaine de footballeurs professionnels, a été sanctionné en première instance d'un an et dix mois de prison pour fraude sportive et administration de médicaments dangereuse pour la santé… Il a été acquitté en appel.

1. *Le Monde*, 23 juillet 2009.
2. *Le Monde*, 16 juillet 2009.

En Espagne, le procès Puerto a confirmé en 2013 l'ampleur du suivi médical de l'élite sportive, révélée par des perquisitions menées en 2006 par le département antidrogue de la Guardia Civil au domicile madrilène du Dr Eufemiano Fuentes. Ce dernier coordonnait un réseau de stockage et d'acheminement de produits à destination de plusieurs centaines de coureurs cyclistes (Jan Ullrich, Ivan Basso, Mario Cippollini, Alejandro Valverde, Michele Bartoli, Roberto Heras...) et d'équipes de football de Liga 1. Ainsi, les cyclistes professionnels de Kelme se voyaient imposer par les médecins de l'équipe espagnole, sous peine de non-reconduction de contrat, des hormones de croissance, de l'hormone féminine (HMG), de la testostérone, de la cortisone, du sang de veau déprotéiné (Actogevin), des stéroïdes anabolisants (nandrolone), de l'EPO russe et chinoise, de l'albumine et des autotransfusions[1]. Les déclarations du Dr Fuentes, lors d'une garde à vue, ont élargi la suspicion à l'équipe nationale de football d'Espagne : « Si je dis ce que je sais, nous pouvons dire adieu à nos titres en Coupe du monde 2010 et à l'Euro 2012[2]. » Le jugement du tribunal espagnol a malheureusement ordonné la destruction des poches de sang qui auraient pu permettre d'identifier les autres clients non cyclistes du Dr Fuentes[3]. Et personne n'a engagé de procédure pour identifier et poursuivre l'ensemble des dopeurs et des dopés. Le principal instigateur, le Dr Fuentes, par ailleurs ancien médecin-chef de la délégation espagnole aux JO de 1992 et de l'équipe nationale d'athlétisme, a écopé en première instance au mois d'avril 2013 d'une peine fort légère – un an de prison avec dispense d'incarcération – avant d'être blanchi en appel au mois de juin 2016 au

1. *L'Équipe*, 14 février 2013.
2. Goetghebuer, *op. cit.*, p. 55.
3. *Le Monde*, 29 juin 2013.

motif que les pratiques de ce médecin ne représentaient pas un risque pour les sportifs[1]. Le Dr Fuentes pourra demeurer le cerveau du dopage en Espagne...

Les médias

Service d'information des citoyens ou service marketing pour les marques ? La logique d'action des médias s'oriente résolument vers la seconde voie. Il est vrai que de nombreux événements sont à la fois conçus, organisés et diffusés par eux. Cette singularité de la presse sportive – qui lui permet de créer sa propre actualité et de l'exploiter – représente 117 jours de publication par an pour le quotidien *L'Équipe,* par exemple (Bourg, 2014, p. 266-295). Dans ces conditions, quelle peut être l'étendue de la liberté journalistique pour rendre compte de ces événements ? Il en est de même pour les chaînes de télévision qui versent des droits de plus en plus élevés pour les retransmission et ne peuvent dès lors risquer d'en réduire les retombées commerciales en se livrant à une démarche critique d'investigation. Certaines pratiques du groupe Amaury traduisent ce conflit d'intérêts. Tout d'abord, sa propriétaire exerce régulièrement des pressions afin que le quotidien *L'Équipe* s'abstienne de traiter certains cas de dopage avérés[2]. Ensuite, les autres titres historiques du groupe (*L'Équipe Magazine*, *France Football*, *Vélo Magazine*, *etc.*) abordent rarement ou jamais les questions de dopage. Depuis plusieurs années, il a été clairement demandé aux journalistes du groupe Amaury de ne mentionner ce type d'actualité que de façon factuelle, sans publier de dossiers ni d'analyses. Un compte rendu de la Société des journalistes (SDJ) révèle

1. *Le Monde*, 16 juin 2016.
2. *L'Express*, 3 juillet 2013.

les consignes données par les dirigeants selon lesquelles il convient « de ne plus s'attarder sur le sujet… Il a été expressément demandé au spécialiste de ces questions [au sein de *L'Équipe*] de ne plus générer de révélations, et de se contenter de traiter l'information dopage en réactivité… ». La SDJ, considérant qu'il s'agissait là d'une remise en cause grave du poste et de la mission de leur collègue, s'est interrogée sur l'indépendance des rédactions (Mondenard et Garcia, 2009, p. 133). Finalement, le poste de journaliste spécialisé sur le dopage a été supprimé, et cela a confirmé que la politique d'information était mise au service de la stratégie commerciale d'une société omniprésente dans l'industrie du sport business. Amaury Sport Organisation (ASO), gestionnaire notamment du Tour de France, de la plupart des grandes « classiques » cyclistes et du rallye Dakar, est une filiale détenue à 75 % par le groupe Amaury. Cette société réalisait en 2015 un chiffre d'affaires de 180 millions d'euros, avec un résultat net voisin de 20 % (une marge bénéficiaire rare), et ce, en grande partie, grâce aux recettes issues du Tour de France.

On peut encore se poser une question : quelles sont l'éthique, la valeur d'exemple et la légitimité des consultants des chaînes de télévision diffusant par exemple le Tour de France, alors que nombre d'entre eux, anciens champions, ont été impliqués dans des affaires de dopage ? Et question subséquente : en vertu de quelle déontologie professionnelle des journalistes sportifs de France Télévisions ont-ils pu diffuser des entretiens de complaisance ou des spots publicitaires de Nike sur Armstrong, et porter ostensiblement le bracelet *Livestrong* – du nom d'une fondation créée par le cycliste américain – pour célébrer en 2009 son retour sur le Tour de France, générateur d'audience et de recettes publicitaires [1] ? Guidée par la même

1. *Le Monde*, 28 juillet 2009.

logique commerciale, la chaîne publique allemande ARD avait signé des contrats confidentiels avec plusieurs champions (Jan Ullrich, 200 000 euros par an, plus des primes de victoires), en échange d'entretiens et de reportages exclusifs[1]. La révélation du dopage de ce type de consultants, le caractère contestable de ces arrangements et le gaspillage de l'argent public ont entraîné l'abandon de ces partenariats entre médias et coureurs, ainsi que la suppression de la retransmission du Tour de France en Allemagne.

Le public

Avec l'accumulation de faits avérés de dopage, largement médiatisés depuis une quinzaine d'années au moins, le sport aurait dû être profondément atteint dans son identité et sa morale affichée. Or le spectacle sportif n'a pas régressé. Au contraire, il s'est développé comme jamais. Dès lors, n'y aurait-il pas un basculement dans la perception du dopage, le recours longtemps inavouable à l'interdit devenant implicitement un recours accepté, la faute longtemps impardonnable se muant implicitement en risque autorisé (Vigarello, 2002, p. 202) ? La culture officielle du sport-spectacle a changé insensiblement. Le dopage semble être devenu une donnée acquise et irréversible pour l'opinion publique. Dès la fin 1999, interrogés par Sportlab, 94 % des Français se disaient convaincus que le cyclisme était touché par le dopage, 88 % pour l'athlétisme. Dans la même enquête, le dopage était considéré comme consubstantiel au sport de haut niveau : 85 % des sondés estimaient qu'il était vain de vouloir le supprimer. De même, il n'y avait pas pour eux d'incompatibilité entre être conscient de l'existence du dopage et trouver de l'intérêt

1. *Sport et Vie*, n° 101, 2007.

au spectacle donné : 81 % trouvaient le cyclisme agréable à regarder, 95 % l'athlétisme. Il est clair qu'il y a dissociation entre les « valeurs » du sport et le goût du spectacle qui en résulte. Le sport déplace ainsi sa morale : il la centre sur la perfection athlétique ou le mérite exceptionnel du champion, tandis que la conduite dopante, elle, est aussi bien banalisée qu'occultée (Bourg et Gouguet, 2007).

Ce dopage érigé en système ne pourrait perdurer si le consommateur final de l'industrie du spectacle sportif (spectateur, supporter, téléspectateur, lecteur de la presse spécialisée, etc.) se dégoûtait d'un spectacle qu'il estimerait perverti. Ce qui est loin d'être le cas. Les audiences des retransmissions sportives télévisées sont restées stables, le chiffre d'affaires des principaux championnats professionnels, des événements planétaires majeurs ou des marchés du sport business est en progression constante. Le dopage est pérennisé par la « main visible » des institutions étatiques, sportives, médicales et médiatiques. « Je n'ai pas inventé le dopage et il ne s'est pas arrêté avec moi », prévient Lance Armstrong[1]. Pour changer la société, il convient d'agir sur ses institutions. À défaut, le dopage sera irréductible.

1. *Le Monde*, 29 juin 2013.

CHAPITRE 4

Un dopage irréductible dans une société de marché

Dans le chapitre précédent, nous avons montré que le dopage est inévitable, quelles qu'en soient les causes, car il est consubstantiel à la doctrine du sport moderne « plus vite, plus haut, plus fort ». En outre, pendant le XIXe siècle et les trois premiers quarts du XXe, le sport a été mis au service de causes politiques, comme la promotion de l'image d'une nation, d'un territoire ou d'une équipe. De plus, à partir des années 1980, il a été intégré dans l'espace du marché avec l'avènement d'une logique de valorisation du capital investi par des actionnaires privés (Missa et Nouvel, 2011, p. 7-8).

Nous allons maintenant expliquer que le dopage est également irréductible. En effet, deux conséquences auraient dû découler de la multiplication et de la médiatisation des cas avérés de dopage depuis une vingtaine d'années. Tout d'abord, le sport aurait dû être affecté dans sa nature et son éthique. Or la compétition mise en spectacle et commercialisée est une activité de plus en plus florissante. Ensuite, l'application progressive d'une politique antidopage, depuis une cinquantaine d'années, aurait dû réduire l'ampleur du dopage. Or personne ne peut penser que ce phénomène a régressé. Même si cette lutte est inefficace, elle est maintenue afin d'entretenir l'idéalisation d'une morale méritocratique, socle de la compétition sportive, selon laquelle chacun doit concourir en mobilisant ses seules qualités personnelles. Les performances doivent être le résultat du talent et du travail, alors que le dopage procure un avantage concurrentiel immoral et illégitime[1]. Ainsi, le recours à l'artifice demeure toujours interdit, mais il se transforme implicitement en pratique autorisée et admise pour les sportifs[2]. On comprend alors que la politique antidopage actuelle est absurde. Comment, dans une société de la performance, peut-on réprimer le dopage, qui garantit justement la performance ? En outre, cette lutte contre le dopage ne peut pas réussir si elle part du principe que les sportifs sont simplement des êtres parfaitement rationnels comparant le coût d'une sanction et la rentabilité du dopage, alors qu'ils sont, en réalité, des êtres sociaux bien plus complexes.

1. Une organisation inefficace de la lutte antidopage

Avant les débuts de sa (timide) répression à partir du milieu des années 1960, des études ont montré l'omniprésence du dopage. À titre d'exemple, dans les années 1950, tous les alpinistes ayant vaincu les douze sommets de plus de 8 000 mètres que compte la planète avaient consommé des amphétamines. En 1958, dans le football italien, 27 % des joueurs de première division prenaient des amphétamines,

1. Didier Demazière (2016), « Le dopage et le culte de la performance, un couple inséparable », *The Conversation*, 20 juillet.

2. Selon le Dr Alain Garnier, ancien directeur médical de l'AMA, « les préoccupations de l'AMA ne sont pas de lutter contre le dopage, mais de le gérer pour qu'il ne nuise pas au sport », *Le Monde*, 18 juillet 2015.

62 %, des stimulants du cœur et de la respiration, 68 %, des stéroïdes anabolisants. Au moins 75 % des coureurs du Tour de France se dopaient durant l'après-Seconde Guerre mondiale (Mondenard et Garcia, 2009, p. 7).

L'histoire de la lutte antidopage commence, de fait, avec les premières législations nationales : 1965 pour la Belgique comme pour la France, avec, pour cette dernière, la loi Herzog – du nom du ministre des Sports dont la carrière sportive en tant qu'alpiniste n'est pas exempte de tout reproche en matière de dopage. Les premiers contrôles ont été organisés lors du Tour de France 1966 et des JO 1968, mais sont mis en place avec des méthodes approximatives de détection. À partir de cette époque, l'actualité et les résultats sportifs sont rythmés par les « performances » des toxicologues, tricheurs ou gendarmes de l'antidopage. Après la création de l'AMA en 1999, le très faible pourcentage de tests positifs restera identique à ce qu'il était auparavant (entre 1 et 2 %), en dépit d'une forte augmentation du nombre de contrôles (155 000 en 1998, 283 000 en 2014). Car ce combat a eu pour effet essentiel de modifier les modalités du dopage, et non pas de le réduire. Il ne faut donc pas se méprendre sur l'effondrement du nombre des cas positifs. En effet, un contrôle négatif n'est jamais la preuve de l'absence de dopage. C'est bien ce qui illustre l'échec « pathétique » de l'AMA, selon la formule lucide et inédite de son directeur général (Sénat, 2013, t. II, p. 254). Pour le Dr de Mondenard (2010, p. 49), il y a quatre catégories de sportifs : ceux qui ne se dopent pas (les moins nombreux) ; ceux qui détiennent une « autorisation d'usage à des fins thérapeutiques » (AUT, forme de triche licite) ; ceux qui prennent de véritables dopants non interdits (les analgésiques et la caféine, ainsi que les médicaments connus par leur dénomination commune internationale, nicotine et trinitrine, ou par leur marque commerciale, Actogevin, Neoton et Viagra, etc.) ; ceux qui ont recours à des produits prohibés indécelables (les plus nombreux).

Pourquoi l'ampleur du dopage est-elle sous-évaluée ? Pour quelles raisons les instruments de la lutte antidopage sont-ils inefficaces ? Une première explication fondamentale tient à ce que la détection des méthodes et substances dopantes se fonde, depuis toujours, sur une liste de protocoles interdits à partir de laquelle les contrôles sont établis. Le principe même de cette liste constitue une incitation au contournement (pour les sportifs) et une incitation à l'innovation (pour l'industrie pharmaceutique officielle ou souterraine), afin de créer de nouveaux procédés dopants inconnus. Avec cette logique – ce qui n'est pas proscrit étant légal –, il suffit que les sportifs prennent des substances qui ne figurent pas sur cette liste pour bénéficier d'une image « propre ». Ainsi se perpétue une course entre l'innovation dopante et, avec toujours un retard plus ou moins long, la révision de la liste des produits interdits et la progression des méthodes de détection.

Autre explication : les prélèvements sanguins ou urinaires ne deviennent positifs qu'à partir du franchissement d'un certain seuil. De sorte que tous les sportifs vont se doper jusqu'à ces seuils afin de répondre aux exigences de la compétition et de s'aligner sur les pratiques de leurs adversaires. Le fait même que ce qui est inférieur aux seuils soit autorisé constitue une façon indirecte de légaliser un certain dopage (Andreff, 2012, p. 428). Le passeport biologique, créé pour détecter les variations suspectes des profils hématologiques ou endocriniens, est utilisé par les sportifs dopés comme une boussole pour « lisser » ces paramètres sanguins dans le temps grâce à des tests réalisés « en interne » avant un contrôle officiel. À cette fin, les sportifs s'injectent ou absorbent en permanence des microdoses (EPO, autotransfusions sanguines, etc.) pour demeurer au-dessous des niveaux fixés par les autorités antidopage, lesquelles sont ainsi désorientées. Selon des témoignages de repentis, les sportifs utilisent les doses les plus importantes avant le démarrage de la saison, puis ils réduisent ou arrêtent la prise de dopants pour rester négatifs pendant la compétition (Goetghebuer, 2014, p. 107). Dès lors, le passeport biologique devient, paradoxalement, un outil pour continuer à se doper sans risque, les sportifs se faisant surveiller de façon clandestine par des laboratoires, tout en satisfaisant en apparence aux impératifs du suivi antidopage.

Seuls les contrôles inopinés, réalisés selon un protocole strictement respecté, pourraient être un moyen de détection efficace. Mais, dans la réalité, ils sont peu fréquents, pas vraiment inattendus, et programmés durant l'intersaison, lorsque les sportifs disparaissent dans un pays étranger sans laisser d'adresse et changent de téléphone pour s'assurer qu'on ne les retrouve pas. Pour contrer ces pratiques, l'AMA a mis en œuvre en 2008 l'Anti-Doping Administration and Management System (ADAMS). Basé sur l'extranet, ce dispositif de géolocalisation impose aux sportifs de signaler leur lieu de résidence chaque jour de l'année. À partir de la troisième tentative de contrôle infructueuse, une suspension de deux ans leur est appliquée, tout comme si le dopage était avéré. Ce système complique certes la tâche des tricheurs et de leur réseau, mais, en pratique, il n'est pas vraiment appliqué en raison de la lourdeur administrative et du coût financier qu'il implique.

Certes, en 2015, la base de données ADAMS comprenait 240 000 sportifs et des milliers d'analyses. Et l'instance de régulation sait théoriquement déceler plus de 90 % des substances interdites. Certes, la troisième version du code mondial antidopage, appliquée au 1er janvier 2015, se montre plus répressive en prévoyant la conservation des prélèvements d'urine ou de sang pendant dix ans au lieu de quatre, ce qui ménage la perspective des progrès futurs de la détection. Toutefois, cette incertitude sur le risque d'être confondu *a posteriori* semble peu dissuasive, les sportifs ayant une préférence marquée pour le présent et montrant peu de capacité à se projeter à moyen terme avec de nouveaux paramètres; en l'occurrence, quatre ans de suspension (au lieu de deux avant 2015) en cas de dopage attesté. De plus, les sportifs se concentrent évidemment sur les substances qui échappent aux investigations, ils utilisent aussi des produits masquants indétectables ou non connus, des dopants non prohibés, des produits interdits et détectables, mais « couverts » par une autorisation d'usage à des fins thérapeutiques (AUT). Si la liste de l'AMA comprend environ 200 substances interdites, il en existe autant qui sont licites bien qu'on les sache massivement consommées par les sportifs dans le but d'améliorer artificiellement leur performance. Et il existe actuellement au moins une centaine de produits non recherchés.

Dans la course-poursuite entre les dopés et l'autorité de régulation, cette dernière obtient des résultats dès lors qu'une nouvelle méthode permet de repérer certains dopants indécelables auparavant. Pour preuve, six ans après le Tour de France 1998, l'analyse rétrospective des échantillons a révélé que 44 d'entre eux (sur 60) contenaient alors de l'EPO dite de première génération, impossible à dépister avant 2000 (parmi ces prélèvements positifs, ceux du vainqueur final Marco Pantani et de ses dauphins sur le podium Jan Ullrich et Bobby Julich, du meilleur sprinter Erik Zabel, du meilleur grimpeur Laurent Jalabert). De fait, la détection *a posteriori* remet en cause le palmarès du Tour: de 1999 à 2016, neuf vainqueurs ont été officiellement destitués (Lance Armstrong de 1999 à 2005, Floyd Landis en 2006, Alberto Contador en 2010). Si l'on ajoute à cette liste les anciens vainqueurs qui ont avoué s'être dopés (Bjarne Riis en 1996, Jan Ullrich en 1997) et ceux qui sont soupçonnés de l'avoir fait (Marco Pantani en 1998, Miguel Indurain de 1991 à 1995), le nombre de déclassements effectifs ou potentiels du Tour atteint dix-sept sur vingt-sept... L'ampleur de ce type de chamboulement et son décalage dans le temps introduisent, de façon générale, une grande confusion sur l'identité réelle des « vrais » et des « faux » champions. C'est ainsi qu'il va maintenant falloir attendre 2026 – soit dix ans, limite au-delà de laquelle plus aucune sanction ne sera possible – et toutes les analyses rétrospectives des cinq mille prélèvements effectués lors des JO de Rio (2016), pour connaître les 306 podiums olympiques « définitifs[1] » ! En outre, notons bien que les sportifs déclarés vainqueurs après la destitution de ceux qui les précédaient au classement peuvent être, eux aussi, tout autant dopés, mais avoir été contrôlés négatifs ou ne pas avoir été contrôlés du tout (Mondenard et Garcia, 2009, p. 63). Notons aussi que la tâche des tricheurs les plus fortunés est facilitée par leur accès aux méthodes les plus sophistiquées, qui sont aussi les plus coûteuses. De fait, le vainqueur est souvent celui qui est le « meilleur tricheur ». Au moment de l'événement, comme longtemps après celui-ci, le doute et la suspicion demeurent donc.

Les pratiques dopantes se réinventent constamment. Simultanément à l'identification d'un produit dopant, le mode opératoire des sportifs change. En 2000, un test urinaire permettant d'identifier l'EPO à condition que le prélèvement soit effectué

1. Sur la base de nouvelles analyses, on a appris en décembre 2016 que 101 sportifs ayant pris part aux JO de 2008 et 2012, dont 51 médaillés, s'étaient dopés. De fait, les podiums olympiques seront remis en question, sauf si les multiples recours en annulation que peuvent engager les sportifs auprès des juridictions sportives (le Tribunal arbitral du sport, par exemple) ou devant les instances judiciaires (la Cour européenne des droits de l'homme, notamment) aboutissent.

sous quarante-huit heures à compter de l'injection a modifié l'usage de cette substance. Les sportifs dopés choisissent des préparations fabriquées par des réseaux clandestins, des cocktails inconnus des laboratoires officiels, qui ne peuvent les repérer formellement (Goetghebuer, 2014, p. 49-50). Par exemple, en 2009, la nouvelle possibilité de détecter l'hormone de croissance à condition que le prélèvement soit effectué dans les vingt quatre à trente-six heures après l'injection du produit a eu pour conséquence d'inciter au recours à d'autres médicaments capables de stimuler la production de globules rouges dans la moelle osseuse à partir de cellules-souches indifférenciées. Par définition, ces nouveaux produits n'entraient pas dans le champ d'investigation des autorités antidopage, puisqu'ils ne bénéficiaient pas encore d'une autorisation de mise sur le marché. D'autres substances, comme l'Aicar ou le GW 501 516, dotées d'une efficacité comparable à celle de l'EPO, échappent aux recherches de l'AMA. Le retour des transfusions sanguines autologues permet de contourner les progrès de la détection de l'EPO ou de l'hormone de croissance. Cette technique de dopage, répandue parce qu'efficace et simple, consiste à se faire prélever du sang en période de préparation pour se le faire réinjecter juste avant une compétition, ce qui augmente l'oxygénation des muscles grâce à une plus grande quantité de globules rouges. L'entrée en vigueur du test MAIA (*Membrane Assisted Isoform Immuno Assay*), capable d'identifier toutes les formes d'EPO, même prises à des doses infimes, a provoqué l'abandon de celles-ci et leur remplacement par le GA-S6 (*Growth Arrest-Specific 6*), qui favorise la sécrétion d'EPO endogène et la vascularisation du muscle.

Un décalage permanent perdure entre ceux qui inventent de nouvelles méthodes de dopage et ceux qui sont chargés de les détecter. Des périodes assez longues s'écoulent entre le début de l'emploi de médicaments à des fins illicites par les sportifs, l'édiction de leur interdiction par le CIO et, surtout, les possibilités de dépistage. Il peut se passer de nombreuses années avant que la substance dopante soit identifiable, même si ce décalage est aujourd'hui bien plus court que par le passé. Les tricheurs s'adaptent en changeant de molécules plus rapidement afin de conserver une longueur d'avance sur les gendarmes de l'antidopage. Dans certains cas, de nouvelles protéines ou molécules commencent à être détournées de leur vocation générique par des athlètes, alors même qu'elles sont encore en phase d'expérimentation clinique. Aussi le temps de latence se compte-t-il parfois en décennies entre leur première utilisation par les sportifs et leur interdiction décidée par le CIO : trente-deux ans pour les amphétamines (1936-1968), trente ans pour la testostérone (1952-1982), vingt ans pour les stéroïdes anabolisants (1954-1974), dix-huit ans pour les corticoïdes naturels (1960-1978). Et un second décalage s'ajoute : celui de la durée nécessaire pour identifier ces produits. Dès lors, ceux-ci peuvent être utilisés en toute impunité pendant des périodes encore plus longues : quarante-deux ans pour les corticoïdes naturels, vingt-deux ans pour les stéroïdes anabolisants (Mondenard, 2004 et 2009). L'EPO exogène est certes détectable depuis 2000, mais son emploi peut être masqué par d'autres substances, alors même qu'elle est consommée depuis 1987 et interdite depuis 1990.

Pour résumer, jusqu'à l'instauration des premiers contrôles à la fin des années 1960 (soit de 1896 à 1968 pour les JO), des milliers de médailles ont été attribuées à des dopés non détectés, et ce, alors que la plupart des procédés dopants étaient connus de longue date. De plus, la découverte *a posteriori* de la positivité des échantillons prélevés plusieurs années auparavant, notamment parmi les anciens vainqueurs du Tour de France ou médaillés olympiques, confirme que la lutte antidopage constitue une grande illusion. Le fait que l'AMA n'ait révélé, durant ses seize premières années d'existence, aucun des principaux scandales connus (les affaires BALCO en 2003, Puerto en 2006 et Armstrong en 2012, le dopage d'État en Russie en 2015) apporte une nouvelle illustration de son inefficacité[1]. Aucun athlète ne saurait se prévaloir d'un contrôle négatif pour certifier qu'il ne se dope pas, les possibilités de se doper en toute impunité étant infinies... Durant sa carrière, Lance Armstrong, vainqueur de sept Tours de France, a subi cinq cents contrôles ; Marion Jones, quant à elle triple championne olympique des 100 mètres, 200 mètres et 4 × 100 mètres, en a subi deux cents. Tous négatifs !... En réalité, la fonction essentielle des contrôles antidopage, admise officieusement par tous, est de crédibiliser la performance des dopés[2].

2. Un combat spectacle mis en scène par les institutions

Il faut rappeler que le dopage n'était pas une infraction et n'avait donc pas, en conséquence, d'actualité répressive jusqu'à son interdiction à partir des années 1960. Durant la longue

1. À l'origine de ces révélations : des enquêtes de police, des investigations des douanes ou des médias, des procédures judiciaires, des aveux de sportifs repentis, des dénonciations d'acteurs de l'industrie du dopage. Par exemple, la diffusion par la chaîne allemande ARD, en décembre 2014 et en août 2015, de deux documentaires sur la « fabrication » des champions russes, et la parution le 12 mai 2016 dans le *New York Times* d'un article sur le dopage d'État en Russie, ont déclenché deux enquêtes de commissions « indépendantes » nommées par l'AMA (Pound, 2015, et McLaren, 2016a et 2016b)...

2. « Continuer à utiliser un système qui a fait la preuve de son inefficacité équivaut à tolérer le dopage », commente en connaissance de cause l'ancien directeur médical de l'AMA, le Dr Garnier (*Le Monde*, 18 juillet 2015).

période des premières expérimentations de substances ou de techniques (de 1800 à 1960), les conduites dopantes n'étaient pas clandestines, parce qu'elles n'étaient pas répréhensibles (voir le chap. 2). Il a fallu plusieurs accidents, parfois mortels, provoqués par des prises d'amphétamines, et retransmis en direct à la télévision lors des JO de 1960 et pendant le Tour de France 1967 (le décès du coureur Tom Simpson), ainsi que l'émotion suscitée par ces drames, pour inciter le CIO à engager réellement une action contre le dopage : tout d'abord, en publiant quelques mois plus tard (en 1968) la première liste de substances interdites (amphétamines, stimulants, analgésiques, narcotiques) ; puis en instaurant les premiers contrôles. Ensuite, le Conseil de l'Europe a adopté, en 1978, une recommandation contre le dopage, puis, en 1984, une charte dont la reconnaissance par la Commission européenne, l'Organisation mondiale de la santé (OMS), l'Organisation des Nations unies pour l'éducation, la science et la culture (UNESCO) et des fédérations sportives internationales, a abouti en 1988 à la signature d'une nouvelle charte internationale. Après chaque nouveau scandale (Ben Johnson aux JO de 1988, Festina pendant le Tour de France 1998, le football italien dans les années 1990), la répression affichée s'est intensifiée dans de nombreux pays, par le biais de législations et d'agences *ad hoc*, ainsi qu'à l'échelle mondiale (tenue d'une conférence annuelle, création de l'Agence mondiale antidopage). L'AMA se dote en 2004 d'un code mondial antidopage qui a pour objet d'harmoniser la lutte à l'échelle internationale. Elle finance la recherche de nouveaux moyens de dépistage et organise des contrôles inopinés en dehors des compétitions. Une nouvelle affaire lors du Tour de France 2007 (Michael Rasmussen et Alexandre Vinokourov) provoque l'instauration en 2008 d'un suivi médical longitudinal pour tous les cyclistes. En réaction, les dopés recourent à de nouvelles techniques indétectables…

Contrairement à leur objectif supposé, les contrôles n'ont pas pour objet d'éradiquer le dopage, ils ont pour but de préserver la « glorieuse incertitude du sport », condition de la médiatisation et de la commercialisation de celui-ci. Le sportif dopé doit être sanctionné, car il enfreint le principe d'égalité des concurrents devant l'épreuve sportive. En transgressant cette règle fondamentale, il menace la crédibilité du système sportif (Demazière, 2016). Aussi la lutte contre le dopage prend-elle essentiellement la forme d'un combat (symbolique) contre les dopés désignés comme des tricheurs, en occultant les véritables racines du dopage, plus structurelles et moins individuelles, plus systémiques et moins isolées (voir le chap. 3). Si les pratiques dopantes sont partout, elles ne sont réprimées que dans les activités sportives, et cela pour deux raisons. Tout d'abord, le dopage fausse le résultat de la compétition en modifiant l'évaluation des sportifs les uns par rapport aux autres (morale sportive). Ensuite, l'usage de produits dopants nuit gravement à la santé, en repoussant le seuil de la douleur et de la fatigue, en faisant taire les signaux d'alarme fondamentaux de l'organisme et en permettant ainsi d'intensifier les entraînements et les compétitions (éthique médicale)[1].

1. Une pratique sportive de haut niveau associée à un dopage intensif potentialise tous les effets secondaires des produits. Par exemple, la différence de longévité entre deux gros consommateurs d'amphétamines est éclairante : le coureur cycliste Tom Simpson meurt à 36 ans sur les pentes du mont Ventoux, tandis que l'écrivain Jean-Paul Sartre décède à 75 ans (Sénat, 2013, t. 1, p. 256). Les sportifs surdosent la consommation de substances théoriquement destinées au traitement de maladies dont ils ne souffrent pas. En outre, fréquemment, le dopage conduit à d'autres addictions, telles que l'alcool et la drogue. Les amphétamines entraînent des démences, la cortisone, des dépressions et des suicides, les stéroïdes anabolisants, des cancers, l'hormone de croissance, des acromégalies (croissance osseuse des mains, des pieds et des mâchoires) Goetghebuer,

Les institutions sportives ne sont pas, *a priori*, motivées par la lutte contre le dopage, dès lors que le public ignore les pratiques dopantes des sportifs ou qu'il les perçoit avec indifférence. La seule utilité des contrôles est de permettre de dire qu'il n'y a eu aucun dopé… Les sportifs intègrent dans leur conduite le manque de volonté réelle des institutions sportives de durcir le combat antidopage. Ils prennent des risques sur les quantités ingérées ou en utilisant des produits masquants, parce qu'ils ont compris que, dans le pire des cas, les sanctions seront appliquées *a minima*, ou qu'il y aura pour eux des recours en annulation possibles. Plusieurs sports majeurs illustrent ce laxisme. Au tennis, seule une soixantaine d'infractions au code mondial antidopage ont été enregistrées sur le circuit masculin et féminin en dix ans (2004-2013). En 2009, dans sa biographie, André Agassi reconnaît avoir consommé régulièrement des amphétamines lors de sa brillante carrière (200 millions d'euros de gains en tournois et contrats publicitaires). La collusion de la Fédération internationale avec les stars du sport a permis cette impunité.

L'exemple des quatre ligues majeures en Amérique du Nord (National Basketball Association, Major League Baseball, National Football League, National Hockey League) est également révélateur de cette connivence. Structurées depuis toujours sous la forme de sociétés privées, elles sont indépendantes, de fait, du mouvement sportif classique (fédérations

---

2014, p. 60 et suiv.). Les champions décèdent de plus en plus jeunes, et ce dans des proportions anormalement élevées, alors que la vie ne cesse de s'allonger : les coureurs cyclistes Marco Pantani, mort à 34 ans (surdose de drogue et suicide ?), Luis Ocaña, à 49 ans (cancer et suicide ?) et Laurent Fignon, à 50 ans (cancer) ; les athlètes Richard Chelimo, à 29 ans (cancer) et Florence Griffith-Joyner, à 38 ans (attaque cérébrale), le joueur de tennis Vitas Gerulaitis, à 40 ans (surdose de cocaïne), le pilote de Formule 1 James Hunt, à 45 ans (surdose d'opium)…

nationale et internationale, Comité international olympique), de l'Agence mondiale antidopage et du code mondial antidopage, qu'elles n'appliquent pas. Désireuses de dégager chaque saison les profits les plus élevés pour les propriétaires des équipes, elles souhaitent éviter toute publicité négative susceptible de nuire à leur spectacle. Le contenu du programme de contrôle antidopage est le résultat d'une négociation entre chaque ligue et les syndicats de joueurs, qui ont tout intérêt à ce qu'il soit le moins efficace possible : pas de contrôles sanguins, pas de recherche d'EPO ou d'hormone de croissance.

En athlétisme, sport olympique originel, on dénombre seulement une vingtaine de cas positifs sur une moyenne annuelle de 28 000 tests, bien souvent non réprimés, car couverts par des autorisations d'usage à des fins thérapeutiques (AUT) ou voisins des seuils autorisés. Certes, il faut, de temps en temps, quelques cas spectaculaires de dopage avéré et sanctionné pour entretenir l'illusion : suspension à vie de Ben Johnson (1988) ; suspension de quatre ans au total de Justin Gatlin (2001 et 2006). Toutefois, plusieurs récents rapports des commissions indépendantes mandatées par l'AMA ont confirmé l'existence d'une culture de la fraude profondément enracinée. Ces enquêtes détaillent le système mafieux notamment mis en place par la Fédération internationale d'athlétisme (Pound *et al.*, 2015 ; McLaren, 2016a et 2016b) : utilisation systématique de produits d'amélioration de la performance par de très nombreux sportifs ; dissimulation de ces tricheries en échange d'argent, des sommes parfois payées par des États (la Russie, par exemple)[1] ;

1. Sur ce dossier, et à partir d'une enquête de l'Office central de lutte contre la corruption et les infractions financières et fiscales, le président de la Fédération internationale d'athlétisme Lamine Diack (1999-2015) a été

implication de médecins, d'entraîneurs et de personnels de laboratoires d'analyses (remplacement des flacons d'urine et de sang servant aux contrôles antidopage par des flacons « propres »). Pourtant, de telles conclusions d'investigations officielles n'ont pas entraîné l'exclusion par le CIO de tous les sportifs russes des JO de Rio (2016), le dopage étant considéré comme une défaillance *individuelle* relevant du pouvoir disciplinaire de chaque fédération internationale. Une telle position est surprenante quand on sait qu'en Russie, de 2011 à 2015, plus de mille contrôles positifs ont été transformés en contrôles négatifs dans trente disciplines, dont vingt inscrites au programme des JO (McLaren, 2016a et 2016b)[1]. Et d'autant plus difficile à admettre que le CIO prône une « tolérance zéro » à l'égard du dopage[2].

Le conflit d'intérêts est permanent dans le sport. « Nous sommes entre deux impératifs : la nécessité de lutter contre le dopage et l'obligation de préserver l'héroïsme », avouait Heinz Verbruggen, président de l'Union cycliste internationale de 1991 à 2005 (Mondenard et Garcia, 2009, p. 55). L'action de l'UCI et, au-delà, des institutions sportives, n'est pas à équidistance de ces deux bornes… En effet, à l'évidence, la lutte antidopage ne peut pas fonctionner tant que les institutions sportives en ont la charge. Comme le note fort à propos le Dr de Mondenard :

---

mis en examen en novembre 2015 par la justice française pour « corruption passive » et « blanchiment aggravé » (*Le Monde*, 19 décembre 2015).

1. Le constat de l'ampleur et de l'ancienneté de ce dopage organisé est incomplet car la commission McLaren n'avait à sa disposition qu'une fraction des données, beaucoup d'éléments ayant été préalablement détruits par les instances russes…

2. Une stratégie de communication comparable est mise en œuvre après chaque scandale en cyclisme par les organisateurs du Tour de France à destination du public pour l'édition suivante : « le Tour du renouveau ».

« Connaissez-vous un jury d'assises sélectionné dans la famille de l'accusé[1] ? » Et le choix du président de l'AMA en 1999 a pu surprendre, dans la mesure où il fut en 1988 l'avocat de Ben Johnson, plaidant « qu'une main inconnue avait versé un produit dans son bidon d'eau… ». Par ailleurs, la création, la composition, le fonctionnement et les orientations de l'AMA dépendent du CIO. Or le succès économique des JO bénéficie directement à ce dernier, puisqu'il en détient les droits de propriété. Il serait au contraire nécessaire que l'AMA soit réellement indépendante des institutions sportives et totalement indifférente aux marchés du sport. Autrement dit, comment croire que les moyens nécessaires pour vérifier le respect de l'éthique sportive et médicale et identifier les tricheurs vont être mobilisés par le CIO et les fédérations internationales concernées, dès lors qu'Usain Bolt, Lionel Messi ou Lance Armstrong représentent des gisements de profits considérables ?

Peu importe si les résultats de la lutte antidopage sont insignifiants, l'important est de laisser croire en un sport de compétition « propre » pour maintenir l'intérêt du public, des médias et des sponsors. L'évolution de la liste des produits interdits illustre ce manque de volonté réelle. Les trois principes de base utilisés pour définir cette liste correspondent aux « valeurs » traditionnelles revendiquées par le mouvement sportif : loyauté de la confrontation ; respect de l'intégrité physique, physiologique et mentale du sportif ; exemplarité de la compétition. Selon le premier critère, qui justifie l'inscription d'un produit sur la liste, le produit possède la faculté d'améliorer la performance, ce qui fausse la hiérarchie entre les concurrents et pénalise ceux qui ne prennent pas de substances dopantes. Selon le deuxième critère, le produit représente un

1. Sénat (2013), t. II, *op. cit.*, p. 251 et suiv.

risque pour la santé, ce qui constitue une atteinte à l'un des fondements de la doxa olympique. Selon le troisième critère, le produit est contraire à l'éthique du sport, ce qui n'est pas compatible avec les vertus morales et éducatives assignées à l'activité sportive. Pour qu'une substance fasse partie de cette liste, il convient qu'au moins deux de ces trois critères soient remplis. Avec l'application de cette nouvelle définition à la liste des spécialités pharmaceutiques françaises contenant des substances dopantes, 308 spécialités sur 950 ont cessé d'être proscrites en 2004, date d'entrée en vigueur du Code mondial antidopage[1]. À l'opposé de cette réduction d'un tiers de l'aire du dopage, une extension aurait été possible si un produit était considéré comme un dopant dès lors qu'une seule de ces trois conditions était réalisée. La délimitation restrictive qui a été préférée a évidemment pour objet de protéger les stars d'une suspension préjudiciable à tous les acteurs de l'industrie du sport.

Tout comme celle des institutions, l'action des États relève bien souvent, elle aussi, du simulacre. Deux exemples le montrent. En 2004, soit près de quarante ans après sa loi, Maurice Herzog considérait qu'elle n'avait servi à rien, parce qu'elle ne prévoyait de sanction que si la preuve du dopage volontaire était apportée. Or, comme on l'a vu, la difficulté à caractériser cet élément intentionnel rend inopérantes ces dispositions législatives, les avocats des sportifs invoquant à tout bout de champ la consommation par leurs clients, « à l'insu de leur plein gré[2] », de boissons ou de viandes « dopées ».

1. Dr de Mondenard, *Sport et Vie*, janvier-février 2004.

2. Selon le désormais célèbre propos tenu par le coureur Richard Virenque lors de l'affaire Festina, la révélation d'un dopage organisé au sein de cette équipe cycliste ayant provoqué un scandale pendant le Tour de France 1998.

En décembre 2014, la médiatisation des révélations de la spécialiste du 800 mètres Ioulia Stepanova sur l'existence d'un dopage institutionnalisé en Russie a obligé le CIO à diligenter plusieurs enquêtes de l'Agence mondiale antidopage, lesquelles ont confirmé l'organisation d'un dopage d'État (Pound *et al.*, 2015, McLaren, 2016a et 2016b). Le système de fraude était dirigé et mis en œuvre, au moins depuis 2011, par le ministère des Sports, les services secrets, l'agence antidopage russe et le laboratoire antidopage de Moscou, dans la perspective des compétitions internationales accueillies dans le pays (Mondiaux de natation en 2011, d'athlétisme en 2013, et d'escrime en 2014 et 2015, JO d'hiver de Sotchi en 2014), ainsi que des JO d'été de Londres en 2012 et de Rio en 2016[1].

Malgré quelques avancées significatives, la lutte contre le dopage n'est pas prioritaire, car le risque, tant en termes sanitaires pour les athlètes qu'en termes économiques pour les organisateurs sportifs, est jugé acceptable. Le sport de haut niveau s'étant recomposé, depuis une trentaine d'années notamment, autour de principes libéraux, marchands et techniciens, la dimension financière devient un objectif au lieu de demeurer un moyen. Finalement, personne n'a intérêt à supprimer le dopage. Dès lors, comment être surpris par l'augmentation, au cours de ces vingt dernières années, de la production et de la consommation de substances dopantes ? Tout concourt à cette évolution : l'apparition de nouveaux produits, la facilité d'approvisionnement par internet, la mainmise d'organisations criminelles sur le trafic de produits dopants. Et de multiples sources attestent sa réalité, que ce

1. Le premier rang mondial de la Russie aux JO de 2014 avec 33 médailles, comparé à sa onzième place aux JO de 2010 avec 15 médailles, illustre l'efficacité du dispositif russe de dopage d'État…

soient le volume des saisies effectuées par la police et les douanes, l'estimation des détournements de médicaments ou encore les enquêtes menées pour évaluer les conduites dopantes.

3. La lutte antidopage : un combat absurde, inutile et coûteux

L'explosion du dopage provient de la marchandisation du sport de haut niveau et de la médicalisation de la performance. Cette double évolution ne fait qu'amplifier la logique interne au sport de compétition, à savoir la triple injonction « plus vite, plus haut, plus fort ». Aussi la lutte antidopage actuelle est-elle absurde dans une société de régression humaine de type « dissociété » telle que l'a définie Jacques Généreux (2011a), où la compétition de tous contre tous étouffe toute solidarité ou coopération. Car le dopage n'est pas une addition de déviances pratiquées par des tricheurs. Il est une conséquence des conditions du travail sportif : il faut résister à de fortes charges d'entraînement, repousser les seuils de la douleur, affronter les blessures, dominer des périodes de doute, ne pas décevoir les entraîneurs, atteindre les objectifs (Demazière, 2016). L'athlète doit en permanence surmonter ces épreuves pour se maintenir dans le sport de haut niveau. Le dopage est une réponse à cet ensemble de contraintes, car il favorise la récupération physique et psychique, la résilience, l'intégration dans une profession. La performance est la mesure de la valeur du sportif, et elle est la condition *sine qua non* de sa survie dans un milieu où les conditions d'emploi sont fragiles et les engagements contractuels, précaires. « Le Tour de France ? Non, il est impossible de le gagner sans dopage. À bien des égards, le dopage ne finira jamais. J'ai simplement participé à ce système. Je ne peux pas faire de commentaires sur ceux qui ont tiré des bénéfices de mon succès[1]. »

Comme le sous-entend ici Lance Armstrong, il est vain d'inciter les sportifs à accomplir des exploits tout en les empêchant, dans le même temps, de s'en donner tous les moyens. Sous cette injonction paradoxale, comment peut-on demander aux fédérations sportives à la fois d'obtenir des médailles et de piloter la lutte antidopage ? Cette dernière, depuis qu'elle a été mise en place, n'est qu'un leurre. La compétition s'inscrit dans un contexte de victoire à tout prix, car les supporters et les entreprises du sport business n'aiment pas la défaite. Alors, tout est fait pour gagner. Le sport-spectacle constituant une catharsis collective, les foules attendent de leurs idoles qu'elles repoussent en permanence leurs limites. Le sportif professionnel est un être a-normal – dont l'activité n'a pas pour but d'améliorer, ni même de protéger sa propre santé –, un être que l'on va fatiguer intensément. Le médecin va contribuer à cette recherche d'un rendement maximal de la mécanique humaine (Yonnet, 1998).

Le dopage fait partie intégrante de la morale du sport. Pour le généticien Axel Kahn, « la morale universelle, c'est de limiter la manifestation des inégalités physiques ; la morale sportive, c'est que le meilleur gagne ! Au regard de la morale universelle, la morale sportive est donc immorale[2] ». Un coureur français refusant de se doper malgré le calvaire physique enduré témoigne anonymement de ce dilemme : « Lors d'une course par étapes en Espagne, au printemps 2003, j'ai définitivement compris qu'il était impossible de briller chez les pros sans être dopé. Comme d'habitude, je n'ai rien pris… Et j'ai terminé détruit… J'ai couru derrière la dernière étape à 128 pulsations

1. *Le Monde*, 29 juin 2013.
2. *Le Monde*, 27-28 juin 2008.

cardiaques de moyenne, la bouche grande ouverte, dans le rouge dès le premier kilomètre. J'ai mis trois semaines à m'en remettre. Pour la première fois de ma vie, j'ai eu la tentation de me doper, car participer à une telle épreuve sans rien prendre peut également être assimilé à une tentative de suicide... Même mes parents m'ont conseillé d'essayer des produits[1] !... » Le dopage des uns entraîne le dopage des autres dès lors que ces derniers veulent faire le métier – en l'occurrence, suivre le rythme –, car il est établi que se « tenir dans les roues » du peloton permet d'économiser 33 % d'énergie par rapport à ceux qui, distancés, doivent accomplir un effort solitaire. Le dopage permet aux plus faibles de rester dans la course, essentiellement du fait de l'arrivée de produits vraiment efficaces à partir des années 1960 : les amphétamines, les corticoïdes, l'EPO. En conséquence, lors du Tour de France, les écarts de temps au classement final se sont réduits, de même que la proportion des coureurs qui ne terminent pas l'épreuve : 70 % dans les années 1920, 40 % dans les années 1930, 20 % dans les années 2000 !

La plupart des disciplines, comme le cyclisme, sont des sports de valeur relative, la compétition opposant les sportifs entre eux et non en référence à un record. Autrement dit, c'est un concours, pas un examen. C'est donc moins la difficulté de l'activité sportive en elle-même (ascension d'une série de cols, enchaînement d'entraînements et de matches) qui l'emporte, c'est bien plutôt la nécessité de rester au niveau des plus forts. Comme tous sont convaincus que leurs adversaires utilisent des substances illicites, il leur est très difficile d'échapper à la tentation de se doper. Et ce, d'autant plus qu'il est obligatoire de signer un contrat pour poursuivre sa carrière et qu'il est indispensable d'obtenir des résultats. Cohabitent

1. *L'Express*, 23 février 2004.

ainsi des règles officielles qui assimilent le dopage à une faute pourchassée par les autorités de régulation, et des règles officieuses qui incitent les sportifs à recourir à des adjuvants chimiques pour rester compétitifs.

La perception du sport-spectacle par l'opinion publique change. Malgré les affaires de dopage, il semble que la popularité du sport ne soit pas affectée, même si la crédibilité de certains sports semble atteinte. Selon une étude de SportLab en 2002, 59 % des Français estimaient que des déviances comme le dopage, l'excès d'argent, la violence ou la triche nuisaient certes à l'image du sport, mais ne diminuaient pas leur propre intérêt pour le spectacle qu'il représentait. Lors d'une nouvelle enquête de SportLab réalisée en 2008, pour de plus en plus de sondés la lutte contre le dopage était inutile, car perdue d'avance, et de moins en moins d'entre eux la déclaraient nécessaire pour protéger la santé des sportifs. Il apparaissait que les deux tiers des personnes interrogées ne considéraient plus le cyclisme comme un sport crédible, et que près des trois quarts estimaient que le dopage était une fatalité. Selon un sondage Ipsos réalisé en 2005 dans quatre pays européens (Allemagne, Espagne, France, Italie), après l'un des épisodes de l'affaire Armstrong, 97 % des sondés associaient cyclisme et dopage, mais, malgré tout, 73 % s'y intéressaient toujours autant, 63 % considérant que, même dopés, les coureurs demeuraient de grands champions, 54 % regrettant que les médias parlent trop de dopage dans le cyclisme[1]. Pour beaucoup d'adeptes, le dopage est irréversible dans le sport de compétition. Et il apparaît qu'il n'y a pas incompatibilité entre cette conscience du dopage et la passion avouée pour l'agrément ou le plaisir d'être spectateur, supporter ou téléspectateur sportif. De fait, il n'y a jamais

1. *L'Équipe*, 5 octobre 2015.

eu autant de monde au bord des routes du Tour de France ou dans les enceintes sportives pour voir les champions. Une dissociation entre « valeurs » attribuées au sport et attrait du spectacle apparaît clairement. Si, même avec sa médiatisation, le dopage ne représente pas pour autant un problème majeur, c'est parce que les États comme les autorités sportives ont bien compris qu'une bonne partie de la population est indifférente à ce sujet, ou admet ce type de comportement sans état d'âme. Dans ces conditions, il est difficile d'affirmer qu'un sport sans dopage peut exister et que la lutte antidopage actuelle est indispensable !

Une société de performance est une société qui se dope. Le sport de haut niveau devient un spectacle et un métier. La société instaure le primat de l'individu sur le collectif, de ceux qui gagnent par rapport à ceux qui se contentent de participer[1]. Dès les années 1960, les aveux d'un des plus grands champions sportifs, Jacques Anquetil, avaient clairement présenté les contraintes auxquelles est confronté le sportif de haut niveau : « Oui, je me suis dopé. Et alors ? Je me suis tellement piqué que mes cuisses ressemblent à des passoires. Il faut être un imbécile ou sacrément faux-jeton pour s'imaginer qu'un professionnel, qui court 235 jours par an, par toutes les températures, et dans toutes les conditions, peut tenir le coup sans stimulants[2]... » Le sociologue Jay Coakley (Université du Colorado) explique ainsi cette culture du dopage dans l'élite du sport : « Le haut niveau procure des sensations incroyables... Presque tous prennent des substances, car cela fait partie de

1. Comme le résumait sans détour Félix Lévitan, co-directeur du Tour de France : « Celui qui ne se dope pas est un pauvre type voué à la défaite » (*Le Miroir des sports*, 20 avril 1965).

2. Paul Yonnet (1998), *Systèmes des sports*, Gallimard, NRF, p. 159-160.

l'entraînement... Comment dire aux athlètes d'arrêter d'utiliser ces produits quand leurs parents ou grands-parents absorbent des hormones pour les aider à être performants dans leur vie privée ou dans leur travail[1] ? » On peut supposer que, si des techniques d'amélioration des capacités physiques ou cognitives étaient développées, elles bénéficieraient d'une demande importante de la part de la population, car les tendances de la société montrent que le corps humain est désormais de plus en plus considéré comme un outil perfectible (Cusset, 2012). Dans un contexte de surmédicalisation de la performance dans la vie privée comme dans la vie professionnelle, beaucoup se demandent pour quelles raisons les sportifs seraient les seuls à être privés d'une de leurs libertés dans l'exercice de leur travail, celle de recourir à des artifices. Dans les enquêtes d'opinion, on observe que le public ressent la répression du dopage comme une injustice sociale envers les sportifs par rapport aux artistes, traders, hommes politiques ou patrons, qui se dopent pour « tenir », car ils subissent, tout comme les sportifs, des pressions très fortes (exigence de performance, carrière aléatoire), sans pour autant, quant à eux, être soumis à des contrôles et à des sanctions.

Ce glissement culturel remet en cause la légitimité et l'efficacité de la lutte antidopage. Il est vrai également que la faiblesse de cet intérêt s'explique par la primauté du spectacle, laquelle réduit désormais le sport à un statut de divertissement déconnecté de tout référentiel éthique « coubertinien ». Le combat antidopage se limite donc à l'affichage d'une posture. Certes, on continue de réaffirmer la nécessité de se battre contre ce fléau. Mais on n'agit pas. Ce qui, finalement, convient à tout le monde, car tous ont compris que vouloir éradiquer le dopage est mission impossible dans une « société de marché

1. *Le Monde*, 20 août 2009.

mondialisée et de compétition généralisée[1] ». Les multiples scandales ne constituent que des soubresauts médiatiques à vocation d'exutoire. Sur le fond, rien ne change.

Le caractère absurde de la politique antidopage actuelle se manifeste d'une autre manière : d'importants crédits, principalement d'origine publique, sont mal orientés. Les dépenses privées (celles assumées par les dopés) ou publiques (celles imposées à la société) nécessaires au dopage et à sa répression ont un effet d'éviction sur les dépenses qui pourraient être consacrées au développement du sport ou à d'autres secteurs d'activité. De 2007 à 2015, soit en neuf ans, la dépense totale consacrée à la lutte contre le dopage dans le monde a été estimée à 2 milliards d'euros, et ce, pour détecter entre zéro et 2 % de tricheurs ! La plupart des lois antidopage, lorsqu'elles existent (Belgique, Espagne, France, Italie), continuent de se focaliser presque exclusivement sur les contrôles d'urine ou de sang, coûteux et inefficaces[2]. En 2014, la lutte antidopage a coûté 30 millions d'euros à la FIFA pour détecter… dix cas positifs, soit une dépense de 3 millions d'euros par tricheur ; elle a coûté, en France, 8 millions d'euros à l'État pour identifier quarante-six cas illicites, soit un budget de 174 000 euros par fraudeur ; et 9 millions de dollars à la National Football League (football américain) pour révéler quinze tests positifs, soit 650 000 dollars par dopé. Cette « fonction de perte sociale » (Becker, 1968, p. 169-217) constituée par les dommages causés à la société par les actes de dopage comprend également le

1. Généreux (2011a, 2011b, 2011c), *op. cit.*

2. Malgré tout, la somme globale investie dans la lutte antidopage est dérisoire au regard du chiffre d'affaires de l'industrie du sport de haut niveau : pour 2010, 225 millions d'euros rapportés à 90 milliards d'euros, soit 0,25 %, et même par rapport à celui du marché noir de produits dopants : 225 millions d'euros rapportés à 10 milliards d'euros, soit 2 % (*Franc Jeu*, AMA, n° 1, 2011, p. 2).

coût des atteintes à la santé des sportifs à court, moyen et long terme (diminution de leur espérance de vie, dépenses publiques de soins, conséquences sur la productivité, etc.).

Pour conclure ce chapitre, nous résumerons ainsi notre diagnostic : l'échec des politiques actuelles tend à montrer que les acteurs du dopage ne répondent pas aux incitations des autorités chargées de sa répression. La régulation économique du dopage (amendes, suspensions d'activité, résiliations de contrats) n'en supprime pas les racines culturelles et sportives, et ne fait que stimuler le recours aux produits indécelables. Car le sport de haut niveau s'est structuré selon une notion de progrès définie sur des critères strictement économiciens de compétitivité, et sur une croyance au dépassement infini des capacités de certains individus. Le maintien de la devise olympique « plus vite, plus haut, plus fort » comme but ultime de la communauté sportive n'est-il pas utopique ? Le sport se trouve aujourd'hui à la croisée des chemins. Rappelons que les excès qui l'avaient transformé en combat de gladiateurs lors des Jeux antiques (de 776 avant notre ère à 392 après notre ère) ont entraîné leur interdiction en raison de multiples dérives (tricheries, violence, corruption, etc.)[1]. Le développement des activités physiques orientées vers la détente, le jeu, le bien-être et la santé, ainsi que la recherche de valeurs autres que celles associées à la compétition, préfigure-t-il un nouvel âge du sport (voir le chap. 7) ? À défaut, le pire est à venir !

1. Il faudra attendre 1896 pour voir apparaître les jeux Olympiques modernes, version des Jeux antiques rénovée quinze siècles plus tard par le baron Pierre de Coubertin.

CHAPITRE 5

Le pire est à venir : le sportif posthumain

Des bouleversements sociaux de grande ampleur se préparent du fait de l'émergence de nouvelles technologies qui vont révolutionner le statut du vivant. C'est tout l'enjeu de la « convergence des technologies » que l'on désigne sous l'acronyme « NBIC » : nanotechnologies, biotechnologies, informatique, cognitivisme (Ferry, 2016). Ces technologies inédites permettraient, par exemple, de modifier le code génétique de plantes ou d'animaux existants pour obtenir des caractéristiques commerciales intéressantes (Bihouix, 2014). À terme, la biologie de synthèse pourrait même permettre la reprogrammation d'organismes vivants et de fonctions n'existant pas dans la nature. C'est une avancée supplémentaire vers l'artificialisation du vivant. Au-delà des plantes et des animaux, il faut s'interroger sur l'utilisation de ces nouvelles technologies au service de l'amélioration des performances humaines. Il y a tout d'abord l'homme augmenté dont on améliore les performances grâce à des greffes, des prothèses… Il y a ensuite la conception d'êtres hybrides entre l'homme, l'animal et la machine, cyborgs des temps modernes (Besnier, 2012). Ce serait alors le passage de la transhumanité à la posthumanité.

Avec la convergence des technologies est apparu un nouveau mouvement intellectuel, le transhumanisme, dont l'objet est d'améliorer le sort de l'homme grâce à la maîtrise du vivant. Ce courant prône la liberté totale, pour tout individu, de choisir d'augmenter son potentiel grâce aux biotechnologies. Tout le monde doit avoir la possibilité d'échapper à l'injustice de la loterie naturelle, laquelle pourvoit plus ou moins bien chaque être humain en capacités diverses. Cette utopie égalitariste a contribué à asseoir la légitimité sociale du projet transhumaniste. Les promoteurs de celui-ci se défendent en effet de tout racisme, de tout eugénisme ou de tout élitisme, et font valoir que lutter contre leur projet reviendrait à refuser le progrès pour les plus défavorisés. En résumé, le transhumanisme consiste à utiliser la technologie et les sciences pour augmenter les capacités physiques et mentales des êtres humains. Qui pourrait refuser un tel projet ? Celui de vaincre la maladie, le vieillissement, le handicap, voire la mort, qui cesseraient dès lors d'être une fatalité ? Si l'on adhère à ce dessein, l'homme devient au contraire un vaste champ d'expérimentation, un être améliorable en permanence (Alexandre, 2011). Ainsi, l'évolution de l'espèce humaine ne dépendra plus des hasards et des tâtonnements de la nature, mais de la science.

Il n'y a aucune raison de fixer une quelconque limite à ce processus d'amélioration, qui pourrait déboucher sur une modification irréversible de l'humanité. Selon Laurent Alexandre, il est possible de distinguer deux phases dans l'évolution future d'une telle transformation : la transhumanité, ou l'humain amélioré ; la posthumanité (que l'on peut imaginer à partir de la seconde moitié du XXIe siècle), ou l'humain cyberaugmenté par une intelligence artificielle puissante et qui constitue ainsi un être hybride. La transhumanité telle que nous commençons à la connaître, avec des prothèses, des greffes, représente seulement une phase de transition vers la posthumanité, stade final du progrès scientifique et technique : plus de fatigue, plus de maladie, la mort de la mort en somme (Alexandre, 2011). Pour le dire autrement, veut-on rendre l'humain plus humain parce qu'« amélioré », ou bien ira-t-on jusqu'à le déshumaniser, voire jusqu'à engendrer artificiellement une nouvelle espèce, celle des posthumains (Ferry, 2016, p. 15) ?

Le sport en général et le dopage en particulier n'échapperont pas à cette révolution des nouvelles technologies qui permettent l'augmentation de la performance. Néanmoins, des interrogations d'ordre éthique commencent à apparaître autour de deux thèmes fondamentaux : le dépassement des limites humaines et l'idée de progrès infini ; le franchissement des frontières homme-animal-machine et l'abandon de l'idée de nature. Jusqu'où le dopage peut-il aller, dans une telle entreprise d'artificialisation ?

1. La haine de la limite (Redeker, 2012)

Un progrès technique infini

Le dopage peut s'analyser comme une technique mise au service de l'amélioration de la performance sportive. La question est de savoir si les nouvelles technologies dont nous venons de parler vont permettre ou non d'améliorer les performances, qui approchent désormais les limites humaines. De telles limites pourront-elles ou non être franchies, et à quel prix ? Selon Robert Redeker : « L'essence de l'homme moderne réside dans ces deux mots : la compétition et la performance sous l'égide de l'évaluation chiffrée[1]. » C'est

1. Robert Redeker (2012), *L'Emprise sportive*, François Bourin, p. 15.

exactement le message porté par le sport-spectacle au travers du culte de la performance, de l'évaluation omniprésente, de la reconnaissance de la loi du plus fort. Le dopage peut déjà se comprendre dans un contexte de recherche de la victoire – éventuellement à tout prix –, mais il est surtout au service de la tentative permanente de dépassement des limites. L'homme moderne, avec le sport, prendrait conscience de sa mission : l'appel à la performance, au dépassement de soi, à l'*hubris* (Redeker, 2012). Le sport pousserait à aller toujours plus loin dans l'utilisation des capacités physiques de l'être humain. Il ne supporterait pas la limite. Le dépassement de la limite, voilà l'objectif fixé. Le champion moderne est celui qui dépasse les limites de l'humanité. Un tel champion, nous l'analyserons ultérieurement, est fabriqué à l'aide des technologies modernes, et notamment par l'intermédiaire de la médecine.

De plus, le sportif est soumis à une logique qui s'impose à lui, une sorte de destin technologique inhérent au sport de haut niveau. Le scénario le plus probable est l'utilisation des biotechnologies pour améliorer la performance. Il est difficile de nier que le dopage et la préparation scientifique découlent logiquement de la recherche de la maximation des performances et des tentatives de franchissement des limites humaines. Cela permet de comprendre ainsi l'alternative qui est au cœur du présent essai : soit l'on reconnaît le culte de la performance, et il faut alors admettre que le dopage est inévitable pour dépasser les limites ; soit l'on ne veut plus de dopage, et il faut bannir la compétition et la recherche de la performance maximale à tout prix. « Maximiser la performance en développant par l'entraînement ses talents naturels et en recherchant la meilleure préparation biomédicale disponible, voilà qui définit bien mieux l'esprit du sport contemporain que les bons sentiments et les généralités naïves sur l'esprit du sport énoncées dans le Code mondial antidopage[1]. »

Cette vision qui refuse l'existence de limites dans le sport s'inscrit dans le cadre plus général de l'analyse de la technique, et notamment au travers de l'œuvre magistrale de Jacques Ellul. Selon cet auteur, la réflexion sur la technique implique une réflexion sur la relation entre l'Homme et la Nature. L'Homme a toujours été un perturbateur du milieu naturel et la Nature vierge est un mythe. Mais il s'agit néanmoins de ne pas dépasser des seuils de surexploitation des ressources, sous peine de remettre en cause la soutenabilité de l'activité humaine. Dans son rapport à la nature, l'humanité se heurte en permanence à deux exigences contradictoires : d'un côté, la nécessité de respecter des règles de soutenabilité sous peine de se heurter à des irréversibilités ; de l'autre, la prétention fondamentale à la liberté. C'est dans ce contexte, bien classique en philosophie, du rapport complexe entre nécessité et liberté, que Jacques Ellul a replacé le débat sur la technique. Pour cela, il pose deux questions : 1. La technique est-elle *un moyen* ou constitue-t-elle *une fin en soi* ? 2. Le progrès technique est-il *un mythe* ?

Sur la première question, la thèse de l'autonomie de la technique constitue l'un des apports majeurs de l'œuvre de Jacques Ellul. La technique a sa propre logique d'auto-accroissement : elle se développe en fonction des découvertes et techniques antérieures et non par rapport à un but à atteindre, une finalité – par exemple le bonheur de l'humanité. La technique n'est au service de rien, si ce n'est d'elle-même. On retrouve ici les deux lois du système technicien que Jacques Ellul résume ainsi : tout ce qu'il est possible de découvrir sera découvert (si on peut le faire, il faut le faire) ; tout ce

1. Missa, *op. cit.*, p. 52.

qui a été découvert sera utilisé (si on le découvre, il faut l'utiliser). Cela signifie que la technique est d'abord déterminée par elle-même, avant de l'être par les besoins réels des citoyens. Aucune frontière éthique ne doit être imposée à la recherche. Jacques Ellul affirme ainsi que la technique est en soi suppression des limites. Or la fixation de limites est toujours constitutive de la société comme de la culture. L'illimité serait ainsi la négation de l'humain. Il faudra bien un jour réfléchir à des critères, d'un point de vue éthique, pour éviter que cet auto-accroissement incontrôlé de la technique ne nous fasse tomber dans l'infrahumain. C'est tout l'enjeu, par exemple, des manipulations génétiques à des fins d'amélioration des performances humaines. Jusqu'où peut-on aller dans une telle voie ?

Dans cette perspective, le sport appartient désormais au système technicien : « Les sportifs améliorent sans cesse leurs records par une amélioration de leurs techniques. Et dans la mesure où on cherche sans cesse à atteindre des résultats plus excellents, ces techniques sont à la fois de plus en plus exigeantes et couvrent la totalité de la vie (régimes, etc.), par conséquent on est conduit au professionnalisme [...]. Si un match ou une compétition était simplement affaire de jeu (ce qu'était le sport) et affaire entre soi (par exemple, le golf), il n'y aurait pas cette application effrénée de techniques extrêmes. Le discours technologique a transformé le sport en énorme spectacle, et fabriqué les champions, les stars, les dieux du stade[1]. » Le dopage entre parfaitement dans cette analyse ellulienne du sport à travers la tentative de dépassement des limites humaines, ce qui amène à la seconde question posée par Jacques Ellul : le progrès technique est-il un mythe ?

Il y a tout d'abord cette affirmation provocante de Jacques

1. Jacques Ellul (1988), *Le Bluff technologique*, Hachette, p. 429-430.

Ellul : la technique soulève toujours plus de problèmes qu'elle n'en résout. Prétendre résoudre un problème technique par un surcroît de technique ne serait qu'un leurre. On ne fait en réalité que déplacer les problèmes, et souvent à un niveau de gravité et de risque encore supérieur. « Quels seront les vastes problèmes qui seront soulevés lors de la nouvelle étape d'expansion du système technicien, avec le génie génétique, l'informatique, le laser, l'espace ? Il est impossible de répondre à cette question, comme en 1800 il était impossible de prévoir la création du prolétariat. Cependant, au cours de ce travail, nous essaierons d'indiquer allusivement ce que pourraient être les problèmes à venir. Nous avons une seule certitude : ils seront encore plus difficiles, encore plus étendus, encore plus complexes que les précédents [1]. »

C'est l'analyse de l'ambivalence de la technique qui est en jeu ici. La technique est ambivalente dans ses effets, et il est très difficile de faire le bilan exact des avantages et des inconvénients d'une innovation : un couteau peut servir à améliorer l'épluchage des pommes de terre, mais il peut également servir à trucider votre voisin. Trancher entre avantages et inconvénients, faire un bilan objectif, est d'autant plus compliqué que l'on commence à prendre conscience de l'*imprévisibilité* des effets du progrès technique. Traditionnellement, on considérait, comme Michel Serres, que l'imprévision est une donnée structurelle des sociétés productivistes. Cet auteur parle de sociétés de négligence : nous négligeons nos devoirs envers la nature, envers les générations futures… alors même que des moyens de prévention existent. Mais, plus grave aujourd'hui, il est reconnu que nos sociétés risquent de plus en plus d'avoir à affronter l'imprévisibilité des effets des nouvelles technologies : *a priori*, tout devrait fonctionner normalement, et

1. *Ibid.*, p. 75.

pourtant il existe une probabilité d'accident. C'est toute la problématique des risques technologiques majeurs.

Dans ce contexte d'imprévisibilité, les décideurs se contentent souvent d'un simple calcul de probabilités. En théorie, les choix des acteurs en situation d'incertitude sont assimilables à des paris sur l'avenir, fondés sur des modèles d'anticipation plus ou moins fiables. Or, quand les risques encourus sont incommensurables, la probabilité d'accident, aussi faible soit-elle, perd toute signification : l'ampleur d'une catastrophe potentielle étant incalculable et imprévisible, comment faire un choix ? La seule façon de faire face à ce type de risque est de respecter le principe de précaution : si un projet novateur est tel qu'il fait courir un trop grand risque à la société, la sagesse dicte d'attendre la maîtrise de la technique concernée. Ce principe de précaution conduirait donc à préférer une attitude prudente, visant à éviter de prendre aujourd'hui une décision que la science nous révélerait demain inadaptée. Mais le choix n'a rien d'automatique : la gestion de l'incertitude par le décideur va être nécessairement influencée par l'anticipation qu'il fait des progrès de la connaissance scientifique. S'il est plus sensible à la nécessité de la prudence au regard du risque d'irréversibilité, il préférera la précaution. S'il anticipe au contraire des progrès scientifiques futurs, il pourra choisir de promouvoir – ou de laisser faire – l'innovation, en dépit des incertitudes sur les conséquences futures de celle-ci. L'attitude du décideur oscille donc entre deux pôles. Sa décision finale dépendra de sa vision propre de l'avenir, de la façon dont il interprète le principe de précaution, selon qu'il se réfère de préférence à l'un ou l'autre de ces deux proverbes populaires : « dans le doute, abstiens-toi » ou « trop de précaution nuit ». L'avenir du dopage biotechnologique s'inscrit dans cette problématique générale.

Dopage biotechnologique

Il est difficile de dire aujourd'hui si les avantages du dopage biotechnologique sont supérieurs ou non à ses inconvénients (on retrouve ici toute l'ambivalence de la technique). Il est impossible également de prévoir tous les effets d'un basculement de l'humanité dans la manipulation des gènes de l'humain. La prévoyance – autrement dit, un attentisme dicté par la prudence – serait donc la stratégie la plus raisonnable à adopter, elle n'est malheureusement pas la plus probable.

Partons du constat établi par Robert Redeker (2012) : les champions sportifs ne présentent plus, en général, l'apparence physique ordinaire qu'ils avaient auparavant. Aujourd'hui, dans certains sports comme le rugby, les joueurs ont des apparences surhumaines. « On a le sentiment d'une affaire de science-fiction, de combats entre des prototypes d'humains futuristes peuplant un jeu vidéo[1]. » Le rugby contemporain, avec les chocs répétés qu'il inflige aux joueurs, n'a plus rien à envier au football américain, carapaces de protection en moins. Cela signifie au final que « les champions peuvent nous apparaître désormais comme des êtres appartenant à une autre espèce biologique que la nôtre, hommes et femmes ordinaires[2] ».

Pour le dire autrement, le sportif serait devenu un mutant, et le champion moderne, celui qui dépasse les limites de l'homme ordinaire. Mais si, dans la nature, le mutant est une exception résultant du hasard, le sportif mutant est, lui, entièrement fabriqué. Voilà pourquoi il faut s'interroger sur la possibilité de voir arriver dans nos stades des athlètes génétiquement modifiés, réparés ou augmentés. Cela pose

1. Redeker, *op. cit.*, p. 43.
2. *Ibid.*, p. 45.

à nouveau un problème de limites : sommes-nous à la veille du jour où nous fabriquerons des sportifs transhumains ? Ce serait un changement radical dans la nature du dopage. En effet, jusqu'à présent, le dopage était administré ponctuellement, pour assurer une performance à un instant donné. L'enjeu de demain est de *modifier la biologie du sportif* pour permettre une performance continue à long terme. De nouvelles molécules arrivent sur le marché et risquent de bouleverser les performances sportives. L'une des plus connues est la myostatine, utilisée à l'origine dans la production de viande animale, puis incorporée dans la médecine pour essayer de traiter la myopathie. Cette molécule ne pouvait pas échapper à la convoitise du secteur sportif… Des expériences ont été pratiquées sur des souris : on a gonflé leurs muscles en leur implantant le gène de la myostatine. Jean-Noël Missa rapporte qu'un scientifique américain (Se-Jin Lee) a reçu des dizaines de propositions de sportifs volontaires pour se soumettre à l'expérimentation génétique. Dans la même veine, un professeur de l'université de Pennsylvanie (H. Lee Sweeney) a réussi à produire, grâce à une manipulation génétique, des souris aux muscles hypertrophiés baptisées *Schwarzenegger mice*. Et, de la même façon, il a reçu de multiples demandes de sportifs se portant volontaires pour expérimenter la thérapie génique, en dépit du danger qu'elle représentait pour l'homme, aux dires mêmes du scientifique. Jean-Noël Missa rapporte également les résultats d'une expérience menée par Richard Hanson aux États-Unis pour produire des souris aux qualités physiques exceptionnelles : « sur un tapis roulant, elles peuvent courir jusqu'à six kilomètres à la vitesse de 20 mètres / minute, quand les souris normales s'arrêtent au bout de 200 mètres[1] ». Or Richard Hanson admet que ses recherches pourraient servir

1. Missa, *op. cit.*, p. 43.

à produire des médicaments pour améliorer les performances musculaires, ce qui pourrait parfaitement être détourné à des fins de dopage sportif.

Parallèlement aux nouveaux territoires explorés par le génie génétique, le génie cellulaire fait lui aussi d'énormes progrès (Dine, 2011). Citons, par exemple, les cellules-souches, qui permettent déjà de traiter des blessures cartilagineuses et des lésions tendineuses et musculaires. Nous analyserons au chapitre 6 le problème de la distinction entre médecine thérapeutique et médecine d'amélioration de la performance. À l'avenir, il sera certainement de plus en plus difficile de distinguer réparation et préparation assistée biologiquement. Il est donc à craindre que l'amélioration de la performance sportive ne domine les futures applications de la recherche scientifique, les résultats attendus étant sans comparaison avec ceux obtenus par des méthodes traditionnelles de dopage. De plus, la mise au point de procédés indétectables rendra de plus en plus compliqué le contrôle de telles pratiques. Il sera difficile d'éviter l'émergence d'un homme amélioré, augmenté, voire transformé. Car, d'une part, ces thérapies géniques et cellulaires ne sont plus imaginaires au jour où nous parlons, d'autre part, mettre en place une détection sera pour le moins difficile, voire impossible, que ce soit pour des raisons techniques ou pour des raisons de coût.

La performance sportive peut enfin être améliorée grâce à de nouveaux outils diagnostiques qui peuvent être détournés de fins purement thérapeutiques. On pourrait voir se développer une médecine personnalisée et prédictive grâce au décodage du génome des athlètes. Un sportif pourrait alors demander, si son potentiel présente des faiblesses, à bénéficier d'une correction par manipulation génétique ou par transfert d'un gène intéressant pour la performance (consommation d'oxygène, cœur, puissance musculaire, endurance…). « À l'horizon 2020, les thérapies ciblées, cellulaires, voire géniques, vont constituer une réserve de possibilités dopantes aux résultats inattendus, situés aux frontières mêmes de la performance humaine et difficilement contrôlables, mais désormais accessibles grâce à la puissance financière des opérateurs de spectacle sportif[1]. »

Cette prospective sur le dopage génétique ne fait pas l'unanimité chez les spécialistes : certains d'entre eux considèrent que ce type de dopage n'a pas encore les moyens d'être opérationnel au niveau humain (à supposer qu'il puisse les avoir un jour). Nous ne sommes pas compétents pour trancher cette question sur le plan technique mais, si nous nous en tenons à l'analyse du contexte socio-économique, il nous apparaît que le sport-spectacle se situera toujours dans la logique précédemment décrite de dépassement des limites et de recherche de la performance maximale : alors s'il peut le faire, il le fera.

C'est dans cet esprit que l'on peut reprendre l'excellent exercice de prospective-fiction proposé par Jean-Noël Missa[2] sur les « Jeux olympiques de Bruxelles 2144 ». Pour résumer : en 2144, les athlètes courent pour des multinationales, qui les achètent et les préparent scientifiquement. Le génie techno-biologique est mis au service de l'amélioration de la performance, pour le plus grand plaisir des spectateurs. C'est le discours prononcé en 2032 par le président du CIO qui a fait basculer la position de l'organisation à l'égard du dopage : face à l'impuissance à éradiquer le fléau, il a été proposé de le légaliser. Et, de fait, devant les risques liés à la clandestinité et dans le but de protéger la santé des athlètes, on a libéralisé le recours aux techniques d'amélioration. L'AMA a été

1. Gérard Dine (2011), « Champion de demain : prédisposition naturelle optimisée ou amélioration structurelle programmée ? », *in* Missa et Nouvel, *op. cit.*, p. 94.

2. Missa, *op. cit.*

remplacée par l'Association pour l'amélioration des performances, l'AAP. Jean-Noël Missa conclut ainsi sa fiction : « Peu à peu la philosophie artificialiste du dépassement des limites s'était largement imposée dans la société au détriment d'une philosophie naturaliste du respect des limites qui n'était plus guère en phase avec l'esprit de la société techno-libérale de la première moitié du XXIe siècle [1]. » C'est ce franchissement de la frontière entre le naturel et l'artificiel qu'il nous faut analyser maintenant.

2. Le franchissement des frontières homme-animal-machine

« *Citius, altius, fortius* », cet objectif de dépassement infini des limites humaines présente également un risque de franchissement des frontières entre l'homme, l'animal et la machine, et, au final, entre le naturel et l'artificiel. En effet, pour améliorer la performance des athlètes, le monde sportif s'est appuyé sur les progrès d'une connaissance scientifique mise au service de l'augmentation de l'efficacité du système de production industrielle. Nous nous intéresserons en particulier aux méthodes utilisées dans la production animale qui ont servi de modèle à l'amélioration de la performance sportive. Une nouvelle science, la zootechnie, s'est développée à partir du XIXe siècle en vue de créer un animal augmenté par maximation de l'efficacité de toutes ses fonctions (nutrition, croissance, reproduction). Puis, dès le milieu du XXe siècle, les progrès dans la science biologique permettent d'entrevoir la possibilité de création d'organismes vivants de synthèse. Le dopage humain va ainsi bénéficier des avancées de la connaissance

1. *Ibid.*, p. 80.

scientifique sur l'animal et le vivant. À l'avenir, il n'est pas impossible d'assister à la création d'un homme augmenté dont on améliorerait les performances grâce à des greffes et des prothèses. L'animal pourra même servir de fournisseur de pièces détachées, en attendant l'étape du clonage humain. Et pourquoi ne pas imaginer la fabrication d'êtres hybrides entre l'homme, l'animal et la machine, cyborgs-athlètes des temps modernes ? Le dopage par franchissement des frontières serait alors totalement consommé, avec l'avènement de l'athlète posthumain.

L'animal-machine et le dopage classique

Selon André Sanson, l'un de ses pionniers au XIXe siècle, « la zootechnie est la technologie des machines animales ou la science de leur production et de leur exploitation[1] ». Au début de son *Traité de zootechnie*, il reprend un écrit de l'un de ses inspirateurs, Émile Baudement, qui utilise le concept d'animal-machine propre à la pensée cartésienne : « Les animaux sont des machines, non pas dans l'acception figurée du mot, mais dans son acception la plus rigoureuse, telle que l'admettent la mécanique et l'industrie. Ce sont des machines au même titre que les locomotives de nos chemins de fer, les appareils de nos usines où l'on distille, où l'on fabrique du sucre, de la fécule, où l'on tisse, où l'on moud, où l'on transforme une matière quelconque. Ce sont des machines donnant des services et des produits. Les animaux mangent : ce sont des machines qui consomment, qui brûlent une certaine quantité de combustible d'une certaine nature. Ils se meuvent : ce sont des machines en mouvement obéissant aux lois de la

1. André Sanson (1893), *Traité de zootechnie. Zoologie et zootechnie générales*, Librairie agricole, 3e éd., t. 1, p. 1.

mécanique. Ils donnent du lait, de la viande, de la force : ce sont des machines fournissant un rendement pour une certaine dépense[1]. »

Cette conception des animaux-machines permet de justifier un projet technicien pour se rendre maître et possesseur de la nature. Les animaux doivent être soumis à l'homme comme simple force de travail. De plus, dans la tradition cartésienne, on peut décomposer la machine en éléments simples, et le tout est la somme des parties. À partir de là, la méthode cartésienne de rationalité permet d'optimiser le rendement de l'ensemble. Le rôle de la zootechnie sera ainsi d'aboutir au rendement maximal de la machine animale, c'est-à-dire obtenir le maximum de résultat pour le minimum de dépense. André Sanson l'exprimait de la façon suivante : « Le problème zootechnique consiste donc, en définitive, à bien diriger la construction des machines animales, à les approprier exactement aux conditions physiques et économiques dans lesquelles s'entreprend leur exploitation, et à les alimenter de façon à ce que leurs produits de transformation atteignent la plus grande valeur possible[2]. »

Avec le XXe siècle, la zootechnie moderne va s'appuyer sur les lois de la thermodynamique qui se substituent aux lois de la mécanique. La machine est pensée en termes de rendement énergétique : comment obtenir le maximum de travail mécanique à partir d'une quantité d'énergie donnée. Selon cette approche, « l'animal de la zootechnie n'est plus l'automate cartésien. C'est une machine thermodynamique dont on veut augmenter le rendement énergétique [...]. Dans leurs laboratoires, les zootechniciens ne vont donc pas se contenter de comptabiliser les flux d'énergie, ils vont démonter la machine, décrire les mécanismes physico-chimiques et

1. *Ibid.*, p. 4.
2. *Ibid.*, p. 7.

les dispositifs de contrôle du métabolisme, de la croissance, de la production et de la reproduction [...]. L'objectif fut de maximiser le rendement de toutes les fonctions et de maîtriser le fonctionnement de machines animales de plus en plus productives[1] ».

Ce sont ces conceptions de la zootechnie qui ont influencé le monde sportif dans sa réflexion sur l'amélioration de la performance humaine, d'une part, au niveau de l'élaboration de la préparation scientifique des athlètes, d'autre part, au niveau de l'utilisation de produits vétérinaires à des fins de dopage humain.

Dans l'Angleterre du XIXe siècle, les méthodes utilisées au même moment en zootechnie sont reprises par les entraîneurs sportifs des boxeurs londoniens. Elles permettent, par exemple, d'atteindre le poids optimal du combattant pour qu'il soit le plus performant possible. Cela signifie qu'au XIXe siècle l'entraînement scientifique des sportifs (assimilé parfois à du dopage) ne s'appuie pas encore sur les progrès des savoirs médicaux, mais sur les avancées permises par les résultats empiriques obtenus avec les méthodes d'élevage issues de la zootechnie.

Rappelons également que la seconde moitié du XIXe siècle se caractérise par une montée de l'hygiénisme social, qui voulait éviter la dégénérescence de la race. Dans cette perspective, l'éducation physique se devait d'être rationalisée pour produire des corps sains et efficaces sur la base d'une méthode scientifique d'entraînement. La zootechnie va là encore constituer un modèle de référence : « Nous nous sommes occupés curieusement de rendre meilleures les races des animaux ou des plantes ; nous avons cent fois remanié celles des chevaux et des chiens ;

1. Catherine Larrère et Raphaël Larrère (2004), « Actualité de l'animal-machine », article publié en ligne, http://www.sens-public.org.

nous avons greffé, transplanté, travaillé de mille manières les arbres de nos vergers et les fleurs de nos jardins, mais nous avons totalement négligé la race de l'homme. Ne nous touche-t-elle pas de près ? Est-il moins essentiel d'avoir de beaux chevaux que des hommes vigoureux, des pêches parfumées, ou des chrysanthèmes monstrueux que des citoyens sages et bons ? [...]. Osons, enfin, faire sur nous-mêmes ce que nous avons fait heureusement sur les races d'animaux domestiques ; osons revoir et corriger l'œuvre de la nature. L'entreprise est hardie. Elle mérite tous nos soins. La nature elle-même semble nous l'avoir recommandé[1]. »

Cette transposition à l'homme de méthodes pensées pour l'animal conduira à de nombreux excès en matière d'amélioration de la performance sportive. Il faudra attendre le XXe siècle et la sophistication de la médecine du sport pour résoudre un dilemme dans la préparation scientifique des athlètes : pour produire de la performance, il faut une charge importante d'entraînement qui sera inévitablement source de multiples effets secondaires, principalement des douleurs et des blessures de gravité variable. Il devient ainsi très difficile pour le médecin du sport de concilier la nécessité d'assurer la performance et la nécessité de préserver la santé de l'athlète. Voilà pourquoi, compte tenu de la législation antidopage, l'exercice devient extrêmement périlleux. Nous retrouverons au chapitre 6 cette question délicate qui divise le monde médical.

Au-delà de la fourniture d'un modèle d'amélioration de la performance, la zootechnie exercera également une influence sur le dopage contemporain par le biais de l'utilisation humaine de produits vétérinaires destinés à l'élevage animal. Dans les années 1990, les produits vétérinaires étaient couramment employés dans le monde du bodybuilding parce qu'il était

1. Maurice Boigey (1917), *L'Élevage humain*, Payot.

relativement plus facile de se les procurer. Laurent Bocher a ainsi déclaré dans le *Libération* du 14 janvier 1997 : « J'ai pris du Boldone, des stéroïdes anabolisants. J'ingurgitais l'équivalent de ce que prend un cheval de 600 kilos en un mois [...]. Après le Boldone, je suis passé au clenbutérol, un antitussif et un bronchodilatateur à la mode chez les animaux [...]. J'ai été champion de l'Ouest en 1992. » En 2009, quatre vétérinaires comparaissent devant la justice pour avoir délivré du Ventipulmin sans ordonnance et encaissé le paiement en liquide. Il s'agit d'un anabolisant utilisé pour soigner les chevaux, mais qui a été détourné à des fins de dopage par des coureurs cyclistes et des culturistes (*Tendance Ouest*, 8 mars 2013). On pourrait multiplier ce type d'exemples.

En résumé, le dopage classique trouve ses racines dans l'application à l'homme des méthodes d'amélioration de la performance utilisées dans l'élevage animal. Avec l'avènement de l'homme-animal, un échelon de plus va être gravi dans le franchissement des frontières.

L'homme-animal et le dopage génétique

Après les révolutions scientifiques nées autour de la mécanique et de l'énergie, révolutions qui nous ont donné l'animal-machine et la zootechnie, une troisième révolution scientifique éclôt au milieu du XXe siècle autour de l'information. Cette révolution-là va faire entrer le sport dans un dopage de type nouveau. Les scientifiques et les techniciens s'emploient à coder l'information, à la saisir, à la stocker, puis l'utilisent pour commander les machines. Les nouvelles technologies (informatique, robotique, télécommunications, biotechnologies), issues de l'élaboration de cet ensemble de connaissances, ont mis à la portée de l'homme des performances jusqu'alors inconnues en matière de calcul, de modélisation et de commande. Les biotechnologies en particulier ont bouleversé la vision traditionnelle – mécanique et thermodynamique – de l'animal, en ouvrant la possibilité de créer et reproduire le vivant. La convergence des technologies risque désormais de révolutionner profondément l'aventure humaine et animale. En effet, la technoscience devient capable de réorganiser les briques constitutives du vivant, c'est-à-dire de refaire la nature. Cela constitue un tournant considérable dans l'histoire de l'humanité. Grâce aux biotechnologies, les zootechniciens « peuvent désormais embrasser l'ambition de modifier le programme de leurs machines animales. On parle ainsi de fabriquer des animaux programmés pour développer des caractéristiques intéressantes[1] ». Et il est possible de penser que l'on n'en restera pas là, les neurosciences pouvant être mises à contribution pour améliorer encore la performance de l'animal.

L'animal devient un objet, un outil de production qui n'a plus rien à voir avec l'animal naturel. Ainsi assimilé à une machine, l'animal se voit dénier sa qualité d'être sensible (Burgat, 2012), ce qui constitue une dangereuse remise en cause de la notion de vivant. Et tout cela pour se soumettre à une logique économique de productivité, de compétitivité. Le système économique actuel produit des machines animales qui n'ont plus rien de naturel, au sens où elles sont complètement *déconnectées de leur évolution en tant qu'espèces*. Cette transformation signifie également la fin du lien social entre l'homme et l'animal. Au final, c'est toute une conception du vivant qui est en jeu au travers de la définition de la condition animale, et peut-être qu'en la matière, le pire est à venir avec… la fin de l'animal.

La convergence des technologies risque surtout d'être à l'origine d'une modification irréversible de l'humanité : « la

1. Larrère et Larrère, *op. cit.*

médecine pourra peu à peu remplacer la marche erratique de la Nature pour un pilotage systématique de la volonté humaine[1] ». Un tel projet, projet prométhéen de domination complète de la nature, pourrait commencer par l'animal : faudra-t-il inventer de nouvelles catégories d'animaux ? Aurons-nous dans le futur des hommes-animaux ? Que devient la démarcation entre l'homme et l'animal ? Il y a tout d'abord la possibilité de fabriquer des chimères. Ce vieux rêve mythologique est aujourd'hui techniquement possible. Un biologiste a déjà fabriqué une chimère caille/poulet en intégrant des cellules de caille dans des embryons de poulet (Chapouthier et Kaplan, 2011). Faut-il s'attendre à des expérimentations sur des embryons humains ? On peut se poser cette question en relation avec la question du dopage dans le sport. Les sportifs de demain seront peut-être des chimères : « Imaginons un instant que l'on puisse transférer à l'homme les gènes qui permettent les extraordinaires performances animales. Tous nos records voleraient en éclats[2]. » Par exemple, le scarabée rhinocéros soulève l'équivalent de quatre-vingts fois son poids. Pour un athlète de 100 kilos, cela représenterait 8 tonnes, soit le poids d'un gros éléphant ! La puce est capable de sauter à une hauteur de 30 à 200 fois sa taille grâce à une protéine, la résiline, localisée dans ses pattes arrière et sur son thorax. Un homme pourrait ainsi sauter au-dessus de la tour Eiffel ! Cela ouvre pour certains des pistes bien tentantes à explorer. D'autant que l'on peut continuer à imaginer l'intégration des capacités animales au corps humain pour le rendre plus performant dans bien d'autres disciplines : l'escalade (le gecko), la course de fond (le kangourou), la natation (le requin)…

1. Laurent Alexandre (2011), *La Mort de la mort. Comment la techno-médecine va bouleverser l'humanité*, Jean-Claude Lattès, p. 117.

2. *Sport et Vie*, janvier-février 2005, p. 30-31.

L'homme artificialisé

Avant d'en arriver à créer des chimères, une étape préalable s'impose : elle consistera dans le développement des techniques de greffes d'organes. On pratique déjà couramment des greffes entre êtres humains (rein, cœur, main, peau…). Il n'existe pas encore de greffe d'organe d'un animal sur l'homme, mais on a commencé à expérimenter des greffes d'organes de porcs sur des singes, après avoir opéré une modification génétique des animaux donneurs : ces greffes entre espèces différentes, dites xénogéniques, posent évidemment toutes sortes de problèmes techniques. Mais les xénogreffes font surtout naître l'ardente nécessité d'une *réflexion sur les frontières*. Florence Burgat pose la question : « Animaux "humanisés" et humains "animalisés" : les xénogreffes produisent-elles une nouvelle démarcation[1] ? » Il faut bien comprendre en effet que, pour éviter le rejet du greffon, il faudrait humaniser l'animal, le rendre plus proche de l'homme ; mais qu'il faudrait aussi animaliser l'humain pour « leurrer l'organisme humain sur la nature animale de l'élément importé pour qu'il réagisse comme s'il avait affaire à du même et non à de l'autre[2] ».

La démarcation homme/animal pourrait se muer en nouvelle démarcation homme animalisé/animal humanisé. Par ailleurs, le génie cellulaire, le génie génétique, les prothèses, les nanotechnologies, la chimie du cerveau, les prothèses mentales, les implants… font du dopage sportif un vaste champ d'expérimentation humaine. Par exemple, l'implantation dans le cerveau de dispositifs électroniques donnant une intelligence artificielle

1. Florence Burgat (2012), *Une autre existence. La condition animale*, Albin Michel, p. 21.

2. *Ibid.*, p. 23.

démultipliée ferait de l'homme un être hybride, c'est-à-dire une machine autant qu'un être biologique (Alexandre, 2011). Tous les enjeux de la relation entre le naturel et l'artificiel se trouvent ainsi posés devant nous. Notre volonté de repousser sans cesse les limites de la performance grâce à la techno-science risque de nous faire basculer vers des irréversibilités liées à l'artificialisation de l'espèce humaine. Jusqu'où veut-on aller dans une telle course à la performance, et que convient-il de faire pour éviter cette dérive ?

CHAPITRE 6

Une fausse solution : la régulation du dopage sous contrôle médical

Les chapitres précédents vous ont sans doute convaincu que le dopage était inévitable et irréductible dans un système économique orienté par la recherche de la performance maximale. De plus, les progrès à venir dans les nouvelles technologies risquent de rendre la lutte contre le dopage de plus en plus difficile. La question se pose de savoir si l'on ne pourrait pas mieux enrayer le dopage en l'autorisant sous contrôle médical. L'intervention du médecin permettrait à la fois de prendre en compte véritablement la santé de l'athlète et d'éviter l'automédication. Le dopage clandestin constitue en effet d'ores et déjà un véritable fléau social, et l'on peut redouter que le sport ne devienne un vaste champ d'expérimentation de nouveaux produits dont on ne connaît même pas les effets à long terme.

Il faut reconnaître que la politique actuelle de lutte contre le dopage n'est pas performante : son bilan coût/efficacité est très faible ; elle peut donner lieu à des abus en termes de respect des droits de l'homme ; le dopage des sportifs amateurs est peu et mal connu, surtout celui en provenance des filières transitant par internet (Sénat, 2013). Il faut donc évaluer le dopage clandestin à la lumière de son coût d'opportunité, à savoir l'alternative que représenterait le dopage sous contrôle médical. À partir de là, un suivi médical et scientifique permettrait de développer un savoir et une épidémiologie très vraisemblablement préférables à l'expérimentation humaine clandestine. Un calcul économique complet est nécessaire pour arbitrer entre ces deux options.

Néanmoins, un tel calcul n'est pas aisé à effectuer, ce qui permet de comprendre le dialogue de sourds qui oppose partisans et adversaires de cette forme de régulation du dopage. Dans un premier temps, présentons donc les avantages de la régulation du dopage sous contrôle médical, régulation qui repose sur le constat universel de l'échec des politiques de prohibition, et qui pose la santé de l'athlète comme une priorité. Séduisante à plusieurs titres, cette sorte de légalisation peut pourtant être considérée comme une fausse solution, d'une part, parce qu'elle entraînerait des dérives et des effets pervers minant encore un peu plus le sport-spectacle, d'autre part, parce que cette stratégie ne prend pas en compte les facteurs fondamentaux qui sont à l'origine du dopage.

1. Les avantages d'une régulation

Il est indispensable de comprendre l'échec planétaire de la lutte contre la drogue pour redéfinir la politique de lutte contre le dopage. Les principaux bénéfices à attendre d'une telle régulation du dopage concernent la prise en compte des enjeux de santé publique liés à ce fléau.

Les enseignements de la dépénalisation dans le domaine de la drogue

À l'échelle du monde, et à la lumière des quarante dernières années de lutte contre la drogue, il y a un grand basculement dans la façon d'appréhender la lutte contre la drogue. Un constat commence à faire consensus au niveau international : la guerre contre la drogue est un échec. Les politiques prohibitionnistes mises en place depuis le début des années 1970 n'ont pas réussi à éradiquer le fléau. Bien au contraire, quarante ans plus tard, le commerce de la drogue est un marché florissant d'environ 320 milliards de dollars, dominé par le crime organisé (*Alternatives économiques*, janvier 2011).

Non seulement la prohibition n'est pas efficace – le nombre de consommateurs ne diminue pas –, mais, plus fâcheux encore, il semblerait que cette politique ait des conséquences indirectes tout à fait nocives : augmentation de la violence, guerre des gangs, corruption, blanchiment d'argent sale, augmentation de la consommation, incitations à consommer des drogues dures. Le constat mondial est implacable : la prohibition ne marche pas (Hautefeuille et Wieviorka, 2014). Non seulement elle n'a pas les résultats escomptés, mais, plus grave encore, cette guerre contre la drogue est *contreproductive*. « La tolérance zéro en matière d'usage de drogues est une utopie totalitaire. L'échec retentissant de plus de vingt années de cette politique aux États-Unis a provoqué une prise de conscience des experts : l'urgence pour l'heure est de dépénaliser l'usage et la détention pour consommation personnelle[1]. »

Un certain nombre de pays ravagés par les mafias ont compris cette évidence. La dépénalisation de l'usage de drogue est une condition nécessaire à la mise en place d'un changement de politique répressive. Pour lutter efficacement contre les mafias, il faut libérer les policiers et les magistrats de tâches inutiles. C'est ce qu'ont admis l'Argentine, la Colombie, le Mexique, qui ont dépénalisé, à partir des années 2010, l'usage

1. Anne Coppel et Olivier Doubre (2012), *Drogues : sortir de l'impasse. Expérimenter des alternatives à la prohibition*, La Découverte, p. 183.

et la détention associée de drogues. Le Brésil et l'Uruguay envisagent eux aussi d'adopter des réglementations dans ce sens. En Uruguay, un projet de loi visant à créer un marché réglementé de cannabis a été récemment approuvé (*Le Monde diplomatique*, février 2014, p. 18-19). Le président uruguayen Mujica explique : « Puisque le marché existe déjà, il faut le réguler, le sortir de l'ombre pour en priver les trafiquants. La légalisation du cannabis et sa commercialisation dans des boutiques agréées privent le crime organisé de ressources considérables, et les taxes prélevées peuvent servir à financer des centres de soins et des programmes de prévention. »

Partout dans le monde, les acteurs professionnels de la santé, de la justice et de la police commencent à reconnaître, au moins en privé, les bienfaits de la dépénalisation de l'usage des drogues. Il faut néanmoins noter qu'un certain nombre de pays (dont la France) résistent, s'accrochant à l'idée que la prohibition est un rempart efficace contre l'expansion du marché et que, au contraire, la libéralisation constituerait une incitation à la consommation. L'Institut national de veille sanitaire a pourtant infirmé cette croyance en 1999, en réalisant une évaluation scientifique des programmes de distribution de drogues de substitution : « En quatre ans, les overdoses mortelles avaient diminué de 80 %, la mortalité liée au sida avait été réduite des deux tiers et, au-delà de la santé, on relevait aussi une baisse de 67 % des interpellations liées à l'héroïne, c'est-à-dire une réduction de la délinquance. *Ces résultats sont restés inconnus du grand public*[1]. » Pour les chercheurs, il apparaît évident qu'il faudrait publier les résultats de telles évaluations, ainsi que la méthodologie employée, et enclencher un débat public.

Le deuxième enseignement de cette lutte contre la drogue

1. *Ibid.*, p. 148 [nos italiques].

est que, du point de vue des résultats, il est plus intéressant de faire primer la santé sur la répression. Une vraie politique de santé publique en matière de drogue implique de comprendre les motivations des usagers et d'apprendre à cohabiter au mieux avec les drogués. Dans de nombreux pays, on a ainsi pu faire la démonstration que l'accompagnement de drogués en vue de réduire les risques (fourniture gratuite ou payante de seringues, drogues de substitution…) ne constituait pas une incitation à la consommation, bien au contraire. Les facteurs de réduction de celle-ci sont connus : information sur les dangers de la drogue ; réponse aux urgences de santé ; sortie de la clandestinité et de la marginalité ; évitement de la violence et des produits frelatés. Il est indispensable de faire reconnaître le succès des salles de consommation sous contrôle médical, lesquelles exigent un partenariat entre de multiples parties prenantes : riverains, commerçants, policiers, associations…

Il reste des progrès à faire dans l'évolution des mentalités pour faire admettre ce type de structure consistant à abriter des actes illégaux. Il en est de même à propos des prescriptions médicales de substances prohibées. Un dossier particulièrement représentatif des résistances sociétales et politiques est celui du cannabis thérapeutique. La France, par exemple, est l'un des rares pays développés à refuser sa prescription, contrairement à bon nombre d'autres qui la pratiquent : Canada, Allemagne, Suisse, Grande-Bretagne, Belgique, Espagne, seize États nord-américains, Australie… Or, depuis de nombreuses années, des études scientifiques montrent l'efficacité thérapeutique du cannabis médical. Avec Raphael Mechoulam, le père de la science du cannabis, qui a découvert le THC (tétrahydrocannabinol, principe actif de la marijuana), Israël a ouvert la voie à son usage médical, aujourd'hui accepté par 75 % de la population. Néanmoins, dans ce même pays, la détention et la consommation de cannabis restent prohibées. Seuls 26 % de la population sont favorables à la légalisation de son usage récréatif (*Libération*, 21, 22, 23 janvier 2014). Il en est de même en Californie, où 60 % des habitants se prononcent en faveur du cannabis thérapeutique, tout en refusant de confondre l'usage avec la légalisation de la substance : en 2010, 57 % des Californiens ont en effet refusé la proposition prévoyant la légalisation de la culture et du commerce du cannabis. On le voit, le type d'usage qui est fait du produit change fondamentalement le statut et l'acceptabilité sociale de celui-ci. En effet, selon le cas, le consommateur sera considéré soit comme un malade, soit comme un drogué. En matière de dopage, cette distinction peut s'appliquer également, et elle aurait des conséquences importantes : le dopage thérapeutique ne serait pas non plus à confondre avec la légalisation du dopage. Mais l'idée même que l'on s'empare d'une telle distinction posera certainement des problèmes d'acceptabilité sociale de la part de multiples acteurs (sportifs et non sportifs). Ce débat est loin d'être clos. Est-il même réellement ouvert ?

Citons le Portugal pour une dernière illustration de la différenciation entre légalisation et autorisation sous contrôle médical (Coppel et Doubre, 2012). Ce pays n'a pas, à ce jour, légalisé la consommation de drogues, qui reste un délit : mais, en 2000, il a légiféré pour faire en sorte que la consommation relève de la santé. Les services répressifs ne s'occupent pas de la consommation personnelle de drogues, mais uniquement de la sécurité des citoyens et des trafics internationaux. L'usage et la détention de drogues restent interdits par la loi, mais il y a une tolérance pour la consommation personnelle. De plus, un encadrement médical est organisé. Ce type de compromis ne choque aucunement l'opinion publique, qui n'aurait pas compris la dépénalisation, et il évite les conséquences néfastes de la clandestinité et de l'incarcération.

Peut-on s'inspirer de la lutte contre la drogue pour redéfinir la lutte contre le dopage ?

Les expériences étrangères de lutte contre la drogue montrent que la dépénalisation de la consommation peut déboucher sur des innovations intéressantes dont il faudra se demander si elles peuvent éventuellement se transposer au domaine du dopage. Cela est d'autant plus nécessaire que les institutions sportives n'arrivent toujours pas à penser leur action en dehors d'une culture de la répression et de la pénalisation de l'acte de dopage. Il semblerait qu'elles soient à l'heure actuelle confrontées à un dilemme insoluble : d'un côté, elles ont pris conscience que l'éradication totale du dopage est complètement impossible ; de l'autre, elles ont constaté qu'un changement de politique antidopage, autre que répressif, est largement illusoire. Et pourtant la preuve est faite que la politique antidopage est un échec. La répression ne marche pas, comme le montrent à la fois l'augmentation de la consommation de produits dopants et le renforcement d'un trafic florissant au niveau mondial.

Le premier enseignement de la lutte contre la drogue s'applique complètement au dopage : on a besoin d'une meilleure connaissance de l'organisation du trafic, étant entendu que ces deux circuits – drogue et dopage – peuvent s'interconnecter. Alessandro Donati (2007) notait déjà que les produits dopants suivent les mêmes canaux que ceux utilisés par les produits stupéfiants. Les trafiquants ne font pas la différence entre drogues et produits dopants, l'important pour eux étant le chiffre d'affaires et non la finalité des produits. Des routes de la drogue contrôlées par le crime organisé peuvent se superposer avec celles du dopage, et ce, d'autant plus que bon nombre de substances sont communes aux deux trafics.

De plus, le dopage ne concerne pas uniquement le sport

de haut niveau, il touche également de larges couches de la société. On aurait à l'évidence besoin d'acquérir une meilleure connaissance globale de toutes les pratiques et de l'organisation des marchés fournisseurs. L'information disponible en matière de drogue et de dopage est notoirement insuffisante, or il n'y a rien de tel pour délégitimer les politiques de lutte. L'affaire se complique d'autant plus que la lutte contre les réseaux internationaux nécessiterait des politiques supranationales, très difficiles à mettre en place. Les trafiquants ont encore de beaux jours devant eux.

Pour mieux connaître l'organisation des marchés de la drogue et du dopage, il nous faut une meilleure analyse des acteurs concernés. On ne peut plus en rester à faire du dopage un problème purement individuel, vis-à-vis duquel il suffirait de punir l'individu coupable de transgression. Le dopage est fondamentalement un problème sociétal, et il est nécessaire d'évaluer rigoureusement l'action menée par les institutions pour lutter contre ce fléau. Une telle évaluation n'existe pas encore véritablement, et même, au contraire, on se heurte à la très grande passivité de bon nombre d'institutions, qui s'est manifestée de façon notoire à l'occasion de divers scandales qui ont secoué le monde du sport. L'affaire Armstrong est très éclairante à ce sujet : comment gagner frauduleusement le Tour de France à sept reprises sans être inquiété par les institutions chargées de la lutte contre le dopage ? Il y a manifestement un décalage énorme entre le discours de fermeté affiché par les institutions sportives et leur pratique de terrain, comme nous l'avons montré au chapitre 4.

À l'inverse, une approche institutionnelle du dopage conduirait à s'interroger sur les rapports de force entre les différents acteurs du marché, sur leurs faiblesses et sur leurs contradictions. Tous ces points n'ont malheureusement pas été analysés dans le dernier rapport sénatorial sur l'efficacité de la lutte contre le dopage en France[1]. Une partie de la réponse à ces questions a été donnée par l'analyse que nous avons présentée de la lutte contre la drogue, à savoir qu'il existe un blocage culturel de la part d'acteurs qui croient toujours à l'efficacité de la répression et de la pénalisation. À partir du moment où l'on admet qu'il n'est pas possible d'éradiquer totalement le dopage, il faut faire un choix politique entre conserver des dopés en bonne santé ou les laisser en grand danger d'exposition à des maladies futures.

Il serait peut-être temps de faire reconnaître que, dans la plupart des cas, le dopé est davantage victime qu'acteur autonome de son acte de dopage. C'est toute une pression sociale qui agit sur lui pour le pousser à la maximation de sa performance. Dans de telles conditions, l'efficacité d'une politique de lutte se jouera non pas sur la répression individuelle, mais sur un changement de mode d'organisation sociale (voir chap. 7) et/ou sur de nouvelles modalités de lutte contre les trafics.

Une façon d'avancer vers des solutions plus acceptables serait de mettre tous les acteurs autour de la table de négociation (à l'exception des trafiquants !). Un débat public est à organiser autour du dopage, qui n'est pas uniquement un problème sportif. Ce débat autour d'un éventuel aménagement de la prohibition actuelle est nécessaire pour faire changer les mentalités. Plusieurs modalités sont envisageables : le référendum, la mobilisation de la commission de débat public, l'organisation de conférences de citoyens. Nous sommes particulièrement favorables à l'utilisation de ce dernier instrument. L'expérience montre que, correctement formé et informé, un panel de citoyens peut rendre des avis tout aussi pertinents que

1. Voir Patrick Trabal, « Osons un vrai débat de société sur le dopage. La commission sénatoriale ne va pas assez loin », dans *Le Monde*, 31 juillet 2013.

des experts patentés. Ces conférences de citoyens sont des dispositifs consultatifs mis en place pour répondre à une question de politique publique ou à un problème de société. Ce sont de petits groupes de personnes sollicitées par la puissance publique pour rendre un avis argumenté sur des projets ou des dossiers qui font l'objet de controverses. L'objectif visé est l'amélioration de la prise de décision en situation d'incertitude ou d'univers controversé.

En France, c'est à la suite d'un certain nombre de scandales (sang contaminé, vache folle, amiante…) que les conférences de citoyens (procédure se donnant pour objectif de faire participer les citoyens au débat public) sont nées. Leur apparition est issue du constat que l'expertise scientifique était bien trop souvent instrumentalisée au service d'intérêts privés. En outre, on a pu observer au fil des crises que les procédures habituellement suivies pour éclairer la décision des élus se révélaient inefficaces : référendums, sondages, débats publics, enquêtes publiques. C'est pour pallier ces différentes carences, évidentes dans de nombreux pays, que ces conférences ont été mises en place depuis les années 1970, d'abord dans les pays d'Europe du Nord essentiellement, avant de se diffuser progressivement dans l'ensemble des pays industrialisés sous des formes diverses (Testart, 2015).

Il nous paraît important de détailler leur mode de fonctionnement, car nous pensons que ce système d'intelligence collective est le plus indiqué pour résoudre des problèmes complexes. La sélection des participants, de l'ordre d'une quinzaine, se fait généralement par tirage au sort, afin de respecter une diversité dans les caractéristiques des citoyens et favoriser ainsi la richesse des débats. Une conférence de citoyens se déroule sur quelques week-ends et se structure autour de cinq étapes : présentation des objectifs ; fourniture d'une information la plus complète possible sur la question traitée (documents, exposés...); débats contradictoires avec les parties prenantes (élus, experts, associations...) pour satisfaire le programme de formation de l'ensemble du groupe; délibération des participants; présentation de l'avis aux décideurs et au grand public.

Une conférence de citoyens n'est pas un événement qui s'improvise. Elle nécessite une organisation autour d'un comité de pilotage pour superviser, d'une équipe technique pour animer, d'un comité de surveillance pour garantir le bon déroulement des débats (Testart, 2015). Pour la transparence d'ensemble, il est souhaitable de filmer ou d'enregistrer tous ces débats, voire de nommer des observateurs extérieurs. On pourrait craindre en effet les conséquences de l'excès d'hétérogénéité du groupe, et en particulier les différences de niveau d'instruction entre les participants, qui pourraient constituer un obstacle à la prise de parole des moins instruits et un encouragement à la monopolisation de la parole par les plus diplômés. Mais, une fois surmontées les appréhensions de départ éprouvées par les moins instruits, l'expérience montre que les conférences de citoyens sont de bons instruments d'intelligence collective. Cela est attribuable en partie au contenu du programme de formation, dont l'objectif fondamental est de permettre la mise à niveau de tous les participants pour établir la confiance dans le groupe et favoriser le dialogue. Selon la Fondation Sciences citoyennes, pour être réussie, une conférence de citoyens doit donc remplir un certain nombre de conditions relatives aux différentes étapes de sa constitution: le choix du sujet (éviter des thèmes trop vastes ou imprécis); la constitution du panel de citoyens (ne pas recruter des personnes déjà impliquées d'une façon ou d'une autre dans la question à traiter); la conception du programme de formation des citoyens (rechercher des spécialistes aux positions opposées, prendre le temps d'une formation complète et accessible, laisser aux citoyens le choix des experts, éviter toute collusion entre formateurs et citoyens); la dynamique de groupe (constituer un comité de pilotage diversifié dont les membres soient représentatifs des diverses opinions relatives à la question posée, nommer un animateur complètement indépendant, assurer la transparence en permanence) (Fondation Sciences citoyennes, 2010).

Sous toutes ces conditions, les conférences de citoyens peuvent devenir des instruments précieux d'aide à la décision. À côté des experts, des élus et du mouvement associatif, *la conférence de citoyens pourrait constituer le quatrième partenaire qui est jusqu'à présent traditionnellement délaissé dans l'élaboration des choix publics*. Grâce à la participation de citoyens ordinaires, la mise en place d'une démocratie participative viendrait compenser les lacunes de la démocratie représentative. Selon la Fondation Sciences citoyennes, il serait même souhaitable d'étendre l'utilisation des conférences de citoyens. Il s'agirait d'organiser plusieurs conférences sur le même thème, soit dans un même pays, soit dans plusieurs pays. On pourrait apprécier ainsi la vitesse de convergence des avis de citoyens du monde sur des thèmes controversés que les dirigeants politiques n'arrivent pas à régler, faute d'expertises complètes, pertinentes et non tendancieuses. On assiste en effet trop souvent à une manipulation du calcul économique pour orienter la décision (Barget et Gouguet, 2010). Le dopage pourrait ainsi faire l'objet de conférences de citoyens sur ses points les plus controversés : le dopage est-il irréductible ? Faut-il ou non autoriser le dopage ?

Le deuxième enseignement applicable au dopage que l'on peut tirer de la lutte contre la drogue concerne l'efficacité reconnue des mécanismes d'accompagnement des drogués. On a besoin de politiques reposant sur l'éducation et la prévention des dopés, et non pas sur la répression (que l'on réservera aux trafiquants). Des expériences menées à l'étranger mériteraient d'être adaptées au domaine du dopage. Il y a tout d'abord l'expérience portugaise des commissions de dissuasion (Coppel et Doubre, 2012). Placées sous l'autorité du ministère de la Santé et non de la Justice, elles reçoivent tout usager de drogue interpellé. Composées de médecins, juristes, psychologues, ces commissions ont pour fonction d'évaluer le parcours du drogué. Suite à cette analyse, elles proposent une orientation vers des services de santé, un soutien psychologique et social, une gamme de traitements disponibles. Ces commissions ont un rôle de prévention, surtout auprès des plus jeunes. On pourrait parfaitement imaginer la transposition de telles commissions dans le champ du dopage sportif. Après une détection positive au dopage, le sportif aurait le choix entre une sanction sportive (éventuellement la radiation à vie) et l'acceptation d'un programme de soins.

Il y a ensuite l'expérience des *cannabis social clubs* en Espagne. Dans ce pays, seul le trafic en tant que tel est poursuivi pénalement. Des associations ont été autorisées à s'approvisionner légalement, c'est-à-dire sans avoir recours au marché noir et aux trafiquants. L'objectif premier de telles associations est de permettre aux usagers d'échapper à la violence du marché et aux produits frelatés. La consommation de chaque membre est programmée, avec interdiction de dépasser un plafond donné. C'est une véritable régulation du marché, tant du côté de l'offre que de celui de la demande, et elle a démontré toute son efficacité par rapport à une politique de prohibition. Autre avantage par rapport à la prohibition : elle permet la transmission du savoir consommer. Or, savoir boire, par exemple, n'évite pas totalement les abus, mais peut contribuer largement à installer une certaine modération. Il pourrait en être de même en matière de dopage : l'acte individuel et isolé serait évité grâce à la mise en place d'une action collective d'éducation.

Le sujet est important, car on mesure aujourd'hui le danger de la montée d'une individualisation dans les conduites dopantes. Christophe Brissonneau (2011) a bien montré ce type d'évolution dans la carrière des coureurs qu'il a interviewés. Dans un premier temps, les jeunes cyclistes pratiquent leur sport pour le plaisir et ne recourent pas aux services d'un médecin. Dans un deuxième temps, l'inscription dans un club amateur de haut niveau change la nature et la charge d'entraînement, ce qui entraîne le recours à un médecin du sport et un début de prise de produits pharmaceutiques. Dans un troisième temps, le passage au professionnalisme et à la recherche de la performance débouche sur la médecine réparatrice, qui n'est pas perçue comme du dopage, mais comme du soutien à un corps trop sollicité pour réaliser des performances, d'où l'expression « faire le métier ». « C'est la raison pour laquelle les produits dopants sont échangés, prêtés, quand un des collègues de travail est en rupture de stock[1]. » Dans un quatrième temps se produit un véritable basculement, à partir du moment où l'objectif n'est plus uniquement de « faire le métier », mais de gagner. Le recours à une médecine sophistiquée est alors indispensable (alimentation, récupération, dopage…). Mais surtout, le cyclisme défini comme un sport d'équipe s'individualise, et des coureurs ordinaires peuvent devenir des champions grâce à un dopage dès lors considéré comme une tricherie. On passe ainsi d'un dopage contrôlé collectivement en interne à un dopage individualiste sous-traité à des médecins hyperspécialisés et auprès de qui on est prêt à prendre tous les risques pour gagner.

1. Christophe Brissonneau (2007), « Le dopage dans le cyclisme professionnel au milieu des années 1990 : une reconstruction des valeurs sportives », *Déviances et Société*, 2, 31, p. 147.

Les enjeux sanitaires de la régulation du dopage sous contrôle médical

Le premier enjeu est de lutter contre le dopage clandestin. Selon les partisans de cette régulation, il faudrait enfin sortir le dopage de sa clandestinité dangereuse et se concentrer sur ses risques sanitaires scientifiquement identifiables, plutôt que d'en rester à des incantations moralisatrices et à la répression (Kayser, 2011). Le dopage médicalement assisté dans le cadre de la déontologie habituelle pourrait avoir au moins deux effets bénéfiques (Kayser *et al.*, 2007).

Le premier bénéfice : l'identification de ce qui est dangereux et de ce qui ne l'est pas. Combien d'athlètes achètent aujourd'hui des produits dont ils ne connaissent absolument pas les effets à long terme ? Ce comportement peut être d'autant plus dommageable que de nombreux produits soumis à interdiction sont remplacés par d'autres, moins facilement détectables, mais plus dangereux. Peut-on affirmer dans ces conditions que la situation serait pire avec une autorisation sous contrôle médical ? Il est probable que l'on assisterait à une augmentation de la demande de produits d'amélioration de la performance, dont les conséquences seraient à relativiser toutefois, compte tenu de l'existence des barrières de sécurité médicale protégeant les consommateurs des risques de morbidité ou de mortalité. Le contrôle médical devrait bien sûr être transparent, pour éviter les abus constatés au cours des décennies 1970 et 1980 avec plusieurs affaires de dopage d'État (Allemagne de l'Est, Allemagne de l'Ouest, Chine…), dans lesquelles les athlètes avaient joué le rôle de machines à battre des records. À l'inverse de ce sulfureux passé, si l'organisation du dopage sous contrôle médical est transparente, si les athlètes sont correctement informés des risques qu'ils prennent, on ne peut qu'améliorer leur situation sanitaire par rapport à celle qu'ils connaissent dans le cadre du dopage clandestin. Pour le bien de l'athlète, il faut systématiquement faire des études de danger de chaque produit dopant, ce qui est impossible quand le dopage est clandestin.

Le second bénéfice d'une régulation médicale du dopage a trait à la protection de la santé publique, qui ne se limite pas uniquement au sport de haut niveau. En effet, de plus en plus d'individus utilisent des produits d'amélioration de leurs performances sans être correctement informés des dangers qu'ils encourent. Le dopage n'est pas uniquement sportif, et il ne justifie donc pas une approche spécifiquement sportive. Sortir le dopage de la clandestinité aurait ainsi des effets bien au-delà de la sphère relativement réduite du sport d'élite. Il est d'autant plus indispensable de s'en préoccuper que, si les athlètes de haut niveau peuvent bénéficier d'un encadrement médical de bonne qualité, il n'en est pas de même pour la masse de la population qui se dope et s'expose ainsi à de sérieux problèmes de santé. Là encore, cela fait partie des sujets tabous qui mériteraient qu'on leur consacre des études auxquelles il faudrait assurer une large diffusion pour éduquer la population aux dangers du dopage.

On en vient au second enjeu de la régulation du dopage, qui amène à reconsidérer le rôle de la médecine. Cette dernière est au cœur du débat sur le dopage. Que ce soit du côté des partisans ou des opposants à la régulation du dopage sous contrôle médical, c'est la fonction même de la médecine qui est remise en cause. La médecine du sport-spectacle n'est pas une médecine de la prévention ou de la santé, mais une médecine de la performance organisée à des fins de dépassement des limites individuelles (Erhenberg, 1999). Il s'agirait de faire disparaître la frontière entre médecine thérapeutique et médecine d'amélioration de la performance (Missa, 2011). Cette distinction n'a jamais été clarifiée, mais cela n'est plus spécifique au sport. Il suffit de regarder, dans le monde du travail, la quantité d'anxiolytiques ou d'antidépresseurs prescrits pour permettre à des salariés de maintenir leurs performances (Bensaude-Vincent, 2009). Il y a généralisation des conduites dopantes à l'ensemble de la société, d'où le paradoxe, déjà dénoncé, qu'il y a à condamner le dopage chez les sportifs quand on le légitime ailleurs. Ce dopage généralisé pose à l'évidence un problème majeur de santé publique, ce qui interpelle le rôle de la médecine.

Pour les opposants à toute forme de légalisation du dopage, la médecine doit rester dans son rôle curatif. La médecine doit soigner. Or, quand elle est utilisée à des fins d'amélioration de la performance, elle est dévoyée, puisque destinée à des gens en bonne santé, les athlètes. Par définition, on ne peut donc savoir ce que peuvent être les conséquences d'un tel dopage, puisque l'on n'a pas réalisé au préalable d'essais au long, ou même au très long cours sur des individus sains, et qu'il y a un véritable détournement de produits originellement destinés à des individus malades. Or, le médecin en charge d'un athlète, même s'il s'est orienté vers l'amélioration de la performance, se doit de respecter une certaine éthique, et en particulier le devoir de ne pas nuire à la santé de son patient et de lui garantir les soins nécessaires. Ici, la position du médecin n'est pas toujours confortable, puisque rechercher un équilibre entre santé et performance peut se révéler contradictoire. La maximation de la performance peut en effet remettre en cause la préservation de la santé. Mais n'est-ce pas déjà le cas en médecine thérapeutique, quand on cherche à faire concourir par tous les moyens un joueur blessé ? La question de fond est de savoir jusqu'où un athlète doit aller dans la prise de risque pour sa santé. La réponse n'est pas simple à donner dans la mesure où l'évaluation scientifique des risques et bénéfices de tel ou tel traitement est très difficile à faire. Il faut compter sur l'intégrité des médecins qui doivent conseiller des traitements dans la limite des connaissances scientifiques reconnues.

Il n'y a, on le voit, pas de réponse définitive à la question de la dangerosité du dopage sous contrôle médical. On peut néanmoins énoncer plusieurs suggestions : le contrôle médical effectué par des médecins intègres doit permettre une réelle rationalisation des traitements pour assurer au mieux l'équilibre entre amélioration de la performance et préservation de la santé ; il faut toujours raisonner en termes de coût d'opportunité, or, en la matière, le dopage sous contrôle médical présente une bien meilleure rentabilité sociale que la prohibition. Le coût social de la clandestinité du dopage, issue de l'interdiction de celui-ci, serait à calculer précisément pour que l'on soit en mesure d'apprécier la désutilité sociale évitée par une régulation médicale. Cela concerne le sport d'élite, mais également tous les publics qui utilisent des produits clandestins.

L'interdiction absolue du dopage dans le sport n'est plus en phase avec l'appel à la performance maximale qui émane de la société. Il y a une grande tolérance sociale pour toutes les techniques d'amélioration de soi en dehors du sport, ce qui donne naissance, dans ce dernier cas, à des injonctions paradoxales : « Soyez performants mais n'utilisez pas les produits qui vous permettraient de l'être ! Soyez comme tout le monde et soyez exceptionnels ! Soyez le meilleur et soyez propres ! » Voilà pourquoi l'usage de produits dopants augmente régulièrement, mais dans la clandestinité, et l'on observe les mêmes conséquences en termes de trafics illégaux que pour la drogue. Au final, l'interdiction absolue de produits dopants dans le sport présente probablement une perte sociale nette. Le trafic souterrain qu'elle génère, avec des acteurs puissants d'un point de vue économique, voire du crime organisé, provoque une augmentation générale de la consommation de produits prohibés.

Une régulation du dopage sous contrôle médical aurait plus de chances d'être efficace que cette prohibition totale. Du fait de la confiance accordée au corps médical, et grâce à la publication de résultats d'études épidémiologiques de grande ampleur, les consommateurs pourront prendre conscience des dangers réels encourus, et adapter leur comportement. Tout en permettant une augmentation des performances dans des conditions acceptables de sécurité, la médecine pourrait également jouer un rôle dissuasif de certains comportements excessifs que l'on observe aujourd'hui avec du dopage clandestin. Les partisans d'une régulation du dopage sous contrôle médical mettent en avant la santé comme priorité incontournable. Il s'agit avant tout de minimiser les dommages à la santé : « Nous ne souhaitions pas abolir la lutte antidopage mais "l'amaigrir" en n'en conservant que sa fonction de prévention et de promotion de la santé [1] », déclare André Mauron, professeur de médecine qui s'est associé à un physiologiste du sport (Benjamin Kayser) et à un philosophe (Andy Miah). Sur ces bases, les auteurs voulaient construire une nouvelle rationalité de lutte contre le dopage pour remplacer la lutte actuelle qui repose davantage sur des préceptes moraux que sur une analyse scientifique solide.

Les partisans de l'interdiction totale du dopage font reposer leur proposition sur ce que l'on a coutume d'appeler « l'esprit sportif » (Mauron, 2011). Selon le Code mondial antidopage, on y retrouve les valeurs suivantes : « l'éthique, le franc-jeu et l'honnêteté ; la santé ; l'excellence dans la performance ;

1. André Mauron (2011), « Le dopage et (est ?) l'esprit du sport », *in* Missa et Nouvel, *op. cit.*, p. 127.

l'épanouissement de la personnalité et l'éducation, le divertissement et la joie ; le travail d'équipe ; le dévouement et l'engagement ; le respect des règles et des lois ; le respect de soi-même et des autres participants ; le courage ; l'esprit de groupe et la solidarité ; le dopage est contraire à l'essence même de l'esprit sportif[1] ».

Cette liste fourre-tout peut donner des arguments pour qualifier de déviants un certain nombre de comportements. Néanmoins, qualifier le dopage comme pratique contraire à l'esprit sportif n'est pas encore clairement établi, particulièrement en tant qu'il constituerait une tricherie. Pourquoi, par exemple, l'utilisation d'EPO est-elle interdite, alors que l'entraînement en altitude ou l'utilisation d'un caisson hypoxique sont autorisés ? Le comité d'éthique de l'AMA avait d'ailleurs dénoncé ce type de pratique hypoxique, dans le cas du caisson, comme contraire à l'esprit sportif au motif que l'athlète n'avait pas fourni d'effort pour s'améliorer. Selon ce comité, ce qui serait moralement acceptable réside dans « le perfectionnement vertueux de talents naturels ». André Mauron a raison de souligner que l'on retrouve ici une vision naïve du dopage selon laquelle il suffirait d'absorber une potion magique pour gagner. La réalité est tout autre et beaucoup de pratiques ergogéniques ne dispensent aucunement de l'entraînement, de l'effort, autrement dit de tous les ingrédients nécessaires pour devenir un grand champion. Ce type de dopage est peut-être moralement condamnable, mais il faudra trouver d'autres arguments que la simple dénonciation de l'usage d'un produit prétendu miracle qui expliquerait la performance. Il existe des explications plus scientifiques de l'origine de la performance sportive. Elles renvoient à l'analyse de l'interaction complexe entre de multiples variables physiologiques

1. Mauron, *op. cit.*, p. 131.

mais également mentales, définissant un champion. Dans ces conditions, la détection du dopage sera toujours source de contestations et de controverses.

En matière de contrôle de la performance, il faut bien reconnaître que les tests antidopage se caractérisent souvent par une large part d'incertitude, hormis les cas qui ne posent pas de problème dans un sens ou dans l'autre (présence ou absence sans ambiguïté d'une substance interdite). « Un test peut être positif (montrant la présence d'une substance) quand la substance est réellement présente (vrai positif), mais pas nécessairement (faux positif) ; inversement, un test peut être négatif quand il n'y a pas réellement de substance (vrai négatif), mais aussi quand il y a tout de même une substance présente (faux négatif)[1]. » On court donc en permanence le risque de déclarer dopés des sportifs sains et de ne pas déceler des sportifs dopés. Dans ce dernier cas, il subsiste toujours un soupçon de dopage pour tout athlète qui fournit des performances exceptionnelles. « Être forcé de douter de la "propreté" de nos champions sape l'objectif du sport d'élite, la célébration de champions "propres", un principe central de l'esprit du sport[2]. »

Devant les incertitudes scientifiques du dépistage, et devant la variabilité dans les arguments moraux de condamnation du dopage, on peut se dire qu'il serait préférable de se polariser sur les risques sanitaires scientifiquement évaluables. Si l'on veut assurer l'égalité des chances dans la compétition, la régulation du dopage sous contrôle médical est peut-être la moins mauvaise solution pour y parvenir. Cela ne signifie pas pour autant que cette solution de moindre mal soit complètement satisfaisante. Le garde-fou que constitue le corps

1. Benjamin Kayser (2011), « La politique antidopage : un dilemme éthique », *in* Missa et Nouvel, *op. cit.*, p. 116-117.

2. *Ibid.*, p. 121.

médical risquera toujours de se faire dépasser par les enjeux toujours dominants de la recherche de performance à tout prix et de la course au profit.

2. Les limites de la régulation

Une évaluation complète de la proposition de régulation médicale doit tenir compte d'un certain nombre de limites qui permettent de comprendre que nous avons ici, en réalité, une fausse solution au problème du dopage. Il y a tout d'abord deux défaillances majeures concernant, d'une part, la santé de l'athlète, et, d'autre part, le risque d'incitation généralisée au dopage. Il y a ensuite deux problèmes fondamentaux non résolus, relatifs l'un au mythe du rétablissement de l'égalité des chances, et l'autre, surtout, à l'accentuation de la course à la performance.

Deux défaillances majeures

La première défaillance met en cause la capacité du corps médical à protéger la santé de l'athlète face à des impératifs de commercialisation du spectacle sportif. Dans sa recherche de performance, l'athlète peut aller jusqu'à mettre sa vie en danger par excès de dopage. En effet, le sportif est devenu un champion soumis à des contraintes de marché, et il risque d'en payer le prix, puisqu'il ne s'appartient plus complètement s'il veut rester dans la course. Les sollicitations viennent de toutes parts : des consommateurs de spectacle sportif, des médias, des sponsors qui veulent « du show » ; à tel point que la résultante du dopage peut aller jusqu'à la mort du sportif. « Les statistiques révélant la mortalité précoce dans le sport de haut niveau traduisent un fait nouveau : la vie et la survie du sportif appartiennent conjointement aux organisateurs de spectacles et aux médias, surtout pas aux sportifs eux-mêmes[1]. » Ainsi, selon Jean-Pierre de Mondenard, 48 coureurs cyclistes professionnels ont trouvé la mort entre 1990 et 2010, dont 22 âgés de moins de 30 ans ! On pourrait continuer les comptes funèbres avec la mort subite de jeunes footballeurs, de rugbymen en pleine force de l'âge. De la même façon, des décès ou des invalidités à vie ont frappé des footballeurs en Italie ou des rugbymen de l'hémisphère Sud. En dépit de l'existence de controverses sur l'origine de ces décès, il y a toujours des soupçons de conséquences d'un dopage.

Force est de constater que l'interdiction du dopage n'a pas permis d'éviter des morts inutiles liées à la prise de produits certainement insuffisamment contrôlés. Il est légitime de se demander si une supervision médicale aurait pu empêcher de tels excès. On peut penser en théorie que oui, mais il ne faut pas négliger le fait que, en cas de libre accès aux produits, l'appât du gain risque de pousser de jeunes athlètes à négliger le contrôle médical. Toute la question est alors de savoir si le risque d'augmentation du nombre de dopés sans contrôle serait plus élevé ou non, par rapport à la situation dans laquelle le dopage est interdit et clandestin. Y répondre est indispensable, quand on considère les conséquences à long terme des conduites dopantes sur la santé : décès anticipés, cancers, infarctus, accidents vasculaires cérébraux, hépatites, leucémies, hémorragies, atteintes rénales, toxicomanie, désordres psychiatriques graves… « C'est seulement lorsqu'on saura tout cela, statistiquement évalué par des professionnels de l'épidémiologie, que l'horreur de l'expérimentation humaine apparaîtra[2]. »

1. Redeker, *op. cit.*, p. 48.

2. Jean-Paul Escande (2003), *Des cobayes, des médailles, des ministres. Contre une course à l'expérimentation humaine*, Max Milo, p. 169.

Or, on tarde à se livrer à cette évaluation. Il serait possible, dès maintenant, de reconstituer des échantillons d'anciens champions pour lesquels il n'y a plus véritablement d'enjeux de carrière, et qui accepteraient de se plier à un suivi médical. En reprenant les produits utilisés et en analysant les conséquences de long terme sur leur santé, on pourrait établir scientifiquement la dangerosité de certaines substances. Ces résultats pourraient ensuite être utilisés par les praticiens chargés du contrôle médical du dopage. Cela inciterait-il les sportifs à moins se doper en cas de légalisation ? Rien n'est moins sûr, la pression de la recherche de la performance et de la victoire étant toujours la plus forte. Voilà pourquoi nous estimons que la solution n'est pas dans l'interdiction ou dans la légalisation du dopage. Nous reviendrons sur ce point fondamental et nous proposerons une alternative au chapitre 7.

La seconde défaillance de notre proposition de régulation concerne le risque d'une incitation généralisée au dopage. Car toute forme de libéralisation du dopage induit un effet pervers redoutable : tout le monde élimine, *de facto*, la possibilité de pratiquer un sport de compétition sans dopage. L'existence du dopage devenant une certitude, les athlètes qui refuseraient de se doper n'auraient en effet plus aucune chance de victoire ; ils devraient alors renoncer à la compétition, sauf à accepter d'y jouer un simple rôle de figurant. Ces athlètes désireux de conserver une vie saine seraient de fait exclus des compétitions. Ou alors, on pourrait assister à l'émergence de compétitions à deux vitesses, une pour les dopés, une autre pour les non-dopés, de façon à respecter le principe de l'équilibre compétitif. La seule compétition qui importerait en tant que spectacle serait, à l'évidence, celle entre dopés, car elle serait beaucoup plus attractive du fait du niveau atteint dans la performance sportive. Il est probable que l'on assisterait alors à une escalade dans la prise de produits dopants pour essayer d'obtenir un avantage compétitif. On pourrait aussi retrouver une situation digne de la guerre froide, avec le retour du dopage d'État.

C'est la conception même de l'intégrité des compétitions sportives qui serait donc à reconsidérer. Les joueurs sains ne désirant pas se doper seraient progressivement écartés ; les pays les plus riches, ceux qui ont accès aux technologies les plus sophistiquées, domineraient le marché. On s'acheminerait ainsi vers une véritable dualisation des compétitions sportives : une partie d'entre elles serait réservée à des athlètes non dopés, l'autre, ouverte à des athlètes augmentés. Cela créerait une coupure infranchissable entre sport business et sport authentique.

C'est certainement la dérive la plus fondamentale qui puisse résulter de la libéralisation du dopage. D'un côté, le sport marchandise devient une activité économique comme une autre et obéit à la logique du marché ; de l'autre, le sport authentique réunit des pratiquants plus préoccupés de plaisir, de culture, de convivialité que de performance. Ces deux conceptions du sport sont radicalement opposées, et il est très ambigu de les englober sous la même appellation de « sport ». Il faut même rejeter l'hypocrisie, de la part de bon nombre d'acteurs du spectacle sportif, qui consiste à se réclamer de la vision humaniste du sport pour habiller sa vision économicienne. C'est le cas en particulier des grands médias sportifs. Néanmoins, il est vrai qu'en matière de dopage les frontières ne sont pas aussi claires qu'il y paraît, et que la légalisation présente un danger considérable pour le sport dans son ensemble.

Depuis la fin du XIXe siècle, il est admis que l'on peut distinguer, d'un côté, le sport professionnel structuré autour de la performance, du record, de la compétition, de la victoire, et, de l'autre, le sport amateur pratiqué au nom des valeurs fondatrices du sport (le respect de l'adversaire, le fair-play, la pratique désintéressée). C'est ce que l'on a appelé l'esprit sportif. Cette distinction entre sport professionnel et sport amateur, au-delà d'une apparente évidence, doit être maniée avec beaucoup de précaution, surtout en matière de dopage. Il ne faudrait pas laisser croire à une stricte et claire opposition entre ces deux sphères. En effet, il n'y a pas, d'un côté, le sport professionnel dominé par l'argent et objet de multiples dérives (dont le dopage) pour parvenir à la maximation du profit, et, de l'autre côté, le sport amateur paré de toutes les vertus et mis au service du bien commun. La réalité est beaucoup plus complexe et nuancée : le sport professionnel génère aussi de l'utilité sociale, et le sport amateur n'est pas du tout à l'abri de tomber lui aussi dans des pratiques douteuses.

Dans cette perspective, la libéralisation du dopage peut avoir un effet pervers considérable, en favorisant l'extension de ce fléau à l'ensemble du sport. En effet, pour tous les jeunes pratiquants, les champions professionnels constituent un modèle, une référence. La libéralisation du dopage peut ainsi contribuer à faire sauter des barrières psychologiques chez des jeunes avides de résultats. Le contrôle médical risque alors de ne plus être dissuasif face à la recherche de performance. On aboutirait ainsi à un dopage généralisé à l'ensemble des compétiteurs : les sportifs d'élite pour rester dans la course, les sportifs amateurs, par mimétisme.

Deux problèmes essentiels subsistent

En premier lieu, le rétablissement de l'égalité des chances, grâce au dopage, resterait un mythe. Rappelons en effet que le sport de compétition ne remplit pas naturellement les conditions de l'équilibre compétitif : celui qui gagne est toujours celui qui a le meilleur patrimoine génétique, ou la meilleure préparation scientifique, ou le meilleur encadrement médical. Dans ces conditions, peut-on affirmer qu'il y aura un jour égalité des chances ? « L'expression "concourir sur un pied d'égalité" est trompeuse. Lorsque l'AMA interdit le recours aux technologies ou aux produits dopants pour garantir aux sportifs du monde entier l'équité et l'égalité, elle défend implicitement une philosophie naturaliste qui considère le sport comme l'arbitre impartial des inégalités naturelles. Dans cette optique, être juste, c'est respecter ces inégalités[1]. »

L'un des exemples les plus significatifs de cette philosophie naturaliste dans l'histoire du sport est celui du skieur finlandais Eero Mäntyranta, qui remporta trois médailles d'or aux JO d'hiver de 1964 (Nouvel, 2011). On découvrit qu'il avait un taux *naturel* anormalement élevé de globules rouges, dû à une mutation génétique. Cela lui donnait un avantage compétitif évident. Peut-on considérer un tel don de la nature comme juste ? Dans ces conditions, est-il illégitime de chercher à rétablir l'équilibre compétitif grâce à des procédés artificiels d'augmentation du taux de globules rouges dans le sang ? Voilà pourquoi, selon les partisans du dopage : « En autorisant tout le monde à utiliser des produits d'amélioration des performances, on rétablit l'égalité des chances entre compétiteurs. On élimine les conséquences de l'inégalité génétique. Loin d'être injuste, l'amélioration de la performance promeut l'égalité[2]. »

Séduisant en apparence, un tel raisonnement oublie la réalité du « vainqueur qui rafle la mise » : *winner takes all*[3], ou la

1. Missa, *op. cit.*, p. 47.

2. Julian Savulescu, Barnette Foddy et Megan Clayton (2004), « Why we should allow performance enhancing drugs in sport », *British Journal of Sports Medicine*, 38, http://www.bjsportmed.com, p. 668.

3. Robert Frank et Philip Cook (1995), *The Winner takes all society*, New York, Penguin Books.

réalité du phénomène des superstars, bien analysé en théorie économique. Contrairement à ce que l'on aurait pu penser *a priori*, une situation de départ relativement bien équilibrée en termes d'égalité des chances débouche à l'arrivée sur une inégalité extrême dans la répartition des gains. Le sport est particulièrement illustratif de ce type de dualisation du marché du travail : quelques superstars se partagent des gains phénoménaux, tandis que le reste des compétiteurs connaît des situations pouvant aller jusqu'à la précarité, sans que la différence de talent entre les premiers et la masse des autres ne puisse par elle-même justifier de tels écarts de rémunération (Bourg, 2008).

Si détenir un talent sportif n'est pas une condition suffisante pour devenir une star, c'est néanmoins une condition indispensable. Cela incite à réfléchir sur l'efficacité que peut avoir le dopage pour tous ceux qui rêvent d'accéder au statut de superstar. Il est à craindre que, en l'absence de tout talent, les produits dopants ne permettent pas de compenser un tel déficit. Mais, à égalité de talent, le dopage fera la différence. Ce qui signifie que le dopage, qui était censé améliorer l'égalité des chances, débouche en fait inévitablement sur un renforcement de la dualisation du marché du travail sportif. D'autant plus que cette course à la performance risque d'avoir des effets pervers redoutables compromettant encore plus sûrement cette fameuse égalité des chances. C'est la capacité à financer des produits sophistiqués ou les services de spécialistes qui sera le facteur discriminant dans les chances de devenir champion. D'une inégalité naturelle, on passera ainsi à une inégalité économique. Par ailleurs, au-delà de la contrainte financière, l'escalade dans le dopage profitera à celui qui est prêt à prendre le plus de risques pour gagner. Il y a donc une forte probabilité pour que le contrôle médical éventuel ne pèse pas lourd face à l'attrait du gain. C'est bien la performance – on y revient toujours – qui reste au centre de la stratégie de tous les acteurs sportifs.

Le second problème non résolu par notre proposition de régulation concerne donc son incapacité à arrêter cette course folle à la performance qui est à l'origine même de l'acte de dopage. La régulation du dopage sous contrôle médical reste fondamentalement au service d'une fuite en avant dans la technique, conduisant vers les pires excès comme le post-humanisme pour dépasser les limites humaines (toujours ce « plus vite, plus haut, plus fort »). De ce point de vue, la régulation du dopage sous contrôle médical constitue une fausse solution. Même si la santé de l'athlète est prise en compte, même si l'esprit du sport est respecté en ce sens qu'il faut toujours du talent et de l'effort pour faire un grand champion, l'individu est ravalé au statut de machine à battre des records.

Le dopage, on l'a vu, devient alors obligatoire pour s'inscrire dans la course à la performance. Celui qui refuse le dopage n'a quasiment plus de chances de victoire, sauf à posséder un avantage compétitif naturel tel qu'il maintienne toujours son avance. Il est donc quasiment impensable qu'on puisse empêcher des athlètes de se doper pour se dépasser, quand l'exigence de ceux qui les font vivre (sponsors, spectateurs...) est *qu'ils battent des records et qu'ils gagnent*. Pourrait-on imaginer aujourd'hui un sport professionnel déconnecté d'une recherche systématique d'amélioration des performances, en dépit du fait qu'on arrive à la lisière des limites humaines ? Ce serait risquer de se priver de supporters, de sponsors, de chaînes de télévision.

La dérive du sport provient ainsi de l'idéologie du progrès (cf. chap. 5) : grâce à la science et à la technique, on pourrait toujours faire reculer les limites de l'exploit et des records. La performance sportive devient aujourd'hui un produit issu de la combinaison de multiples facteurs, sans que l'on puisse très clairement repérer la part de chacun d'eux dans les gains de productivité de l'athlète : talent personnel, équipement sportif, entraînement scientifique, coaching, dopage... Peut-on éviter de transformer le sport en jeux du cirque sous l'effet de dérives inévitables liées aux enjeux économiques, financiers, politiques du spectacle mondial qu'il est devenu ? La mobilisation de moyens scientifiques et techniques au service de l'amélioration de la performance et de l'idéologie du progrès fait comprendre que le sport est bien le produit d'un système technicien tel qu'a pu le décrire Jacques Ellul. C'est dans cette perspective que l'on peut reprendre la vision qu'avait cet auteur de l'interdiction du dopage : « Cette interdiction se comprenait parfaitement lorsqu'il s'agissait de l'affrontement de deux hommes (ou d'équipes) comparables à tous les autres et qui pratiquaient le sport comme une sorte de distraction, comme d'autres font du théâtre amateur. Mais est-ce encore tout à fait compréhensible lorsqu'il s'agit de l'affrontement de deux machines uniquement destinées à montrer leur puissance et à gagner ? » (cité dans Hourcade, 2004). Cette prise de position témoigne une fois de plus de la perspicacité de Jacques Ellul, à une époque où il n'était pas politiquement correct de parler du dopage en ces termes [1]. L'important à retenir est que le dopage peut sans aucun doute se comprendre à travers la grille de lecture ellulienne.

Le dopage est une technique d'amélioration de la performance comme une autre, mais surtout une preuve supplémentaire de la technicisation de notre société. On retrouve la thèse de l'autonomie de la technique chez Ellul, qui permet de comprendre qu'il est vain de vouloir interdire le dopage

1. Jean-Luc Porquet (2003), *Jacques Ellul, l'homme qui avait (presque) tout prévu*, Le Cherche Midi.

en dépit de tous les risques et inconvénients à en attendre. L'Homme est condamné à subir les lois du système technicien. Cette thèse est bien sûr un peu désespérante pour tous ceux qui croient que l'Homme fait l'histoire. Ellul répondrait qu'il n'y a rien de pire que de se croire libre alors qu'on est esclave… même quand la cage est dorée ! « Un monde technicisé se construit autour de vous à une vitesse croissante. Une organisation toujours plus vigoureuse, précise, contraignante, exacte, multiple, enserre dans un filet aux mailles toujours plus denses chaque homme et chaque instant de la vie de l'homme. Et nous n'y pouvons rien. Personne n'y peut rien. Personne ne conduit et ne maîtrise cette prolifération. L'opération déclenchée il y a un siècle et demi se poursuit d'elle-même. Personne n'est plus responsable […]. La Technique dans son développement et son application à l'homme est le plus total mécanisme de nécessité[1]. »

Dans cette optique, le sport serait devenu un produit technicien dont le dopage est une composante interne indispensable pour produire des champions, de la performance et du spectacle. Réguler le dopage sous contrôle médical ne ferait donc que soumettre encore un peu plus la sphère du sport à ce totalitarisme technicien (Latouche, 2013). Pour en sortir, il faut penser autrement.

1. Jacques Ellul (1954), *La Technique ou l'Enjeu du siècle*, Armand Colin, p. 173 ; Porquet, *op. cit.*, p. 75.

CHAPITRE 7

La vraie solution au dopage : abandonner la compétition

S'il est possible de considérer que, du fait de la prise en compte de la santé de l'athlète, la régulation du dopage sous contrôle médical constituerait une amélioration par rapport au dopage clandestin, les questions de fond liées à ce fléau subsistent : le culte de la performance, la recherche de la victoire à tout prix, la philosophie du « toujours plus »... Il est donc complètement illusoire de vouloir lutter contre le dopage sans remettre en cause la logique de fonctionnement du système économique qui produit le spectacle sportif. Le dopage est fondamentalement mis au service d'une idéologie productiviste privilégiant avant tout la performance, la compétition et le gagnant. Il nous semble ainsi impossible de penser l'éradication du dopage sans penser une alternative au modèle productiviste actuel.

La première condition pour imaginer une alternative au libéral-productivisme est de poser la question générale des limites de la croissance. La pensée économique orthodoxe a toujours considéré que l'on pouvait repousser ces limites grâce à la science et à la technique. C'est cette croyance en la possibilité d'une croissance infinie dans un monde fini qui est contestée aujourd'hui, face à une crise écologique planétaire sans précédent : des seuils d'irréversibilité risquent d'être atteints. Cette remise en cause d'une croissance sans limites entraînera inévitablement la remise en cause d'un sport lui-même rêvé sans limites, notamment à l'aide du dopage.

La seconde condition pour asseoir une véritable alternative sociétale réside dans l'abandon de la compétition, de la guerre de tous contre tous. Une telle lutte, souvent présentée comme inhérente à la nature humaine, pourrait être avantageusement remplacée par des stratégies de coopération. Cela demandera des changements de valeurs, de comportements, de normes sociales, qui ne se produiront pas aisément, compte tenu de la résistance des gagnants d'aujourd'hui qui ne voudront pas renoncer à leurs privilèges et avantages acquis. Néanmoins, une telle remise en cause de la compétition s'observe d'ores et déjà à travers l'engouement croissant pour de nouvelles pratiques sportives. La motivation principale pour faire du sport n'est plus uniquement la compétition, c'est aussi – voire uniquement – le bien-être, la convivialité, le plaisir... Jusqu'où peut aller la désaffection vis-à-vis de la compétition sportive ? Pourrait-on assister, de façon plus générale, à l'émergence d'une société non compétitive ? Ce qui signerait la fin du dopage !

1. Reconnaître les limites d'un monde fini

Les économistes admettent aujourd'hui qu'il n'est pas possible de généraliser le mode de vie occidental à l'ensemble du monde, l'habitabilité de la planète en serait compromise. Cela signifie, pour nombre d'entre eux, que la sobriété serait la condition de survie de l'humanité. Si cette analyse des limites de la croissance est valide, il faut apprécier, dans un second temps, ce que deviendrait alors le spectacle sportif, et donc le dopage.

Une croissance infinie dans un monde fini n'est pas possible

La problématique des limites de la croissance et de la façon de les dépasser n'est pas nouvelle dans l'histoire de la pensée économique. Depuis la révolution industrielle du milieu du XVIIIe siècle, deux questions ont été constamment posées par les économistes : la croissance de la richesse, grâce à l'accumulation du capital, peut-elle se poursuivre indéfiniment ? Un arrêt de la croissance de la richesse peut-il se produire ? Ce serait l'avènement de l'état stationnaire (que l'on appellerait aujourd'hui la croissance zéro). Ce thème de l'état stationnaire est très présent dans la pensée économique classique depuis Adam Smith, et l'on peut repérer à sa suite deux types d'auteurs, des pessimistes et des optimistes.

Le premier grand pessimiste est Malthus, qui considère que la population augmente toujours plus rapidement que les ressources nécessaires à sa subsistance. Il faudrait donc maîtriser la croissance démographique pour éviter la montée de la pauvreté. Le second grand pessimiste est Ricardo, qui montre que, pour nourrir une population de plus en plus nombreuse, on est condamné à mettre en culture des terres de moins en moins fertiles. Il en résulte une diminution du taux de profit dans l'économie qui peut décourager l'investissement et la croissance, d'où l'état stationnaire.

À l'inverse de cette vision pessimiste, deux formes d'optimisme s'opposent et se retrouvent aujourd'hui dans la bataille des idées. Il y a tout d'abord la prétention de l'économie orthodoxe à s'affranchir de toute limite. C'est l'école marginaliste qui, dès 1870, avec Stanley Jevons, va libérer l'économie de toute contrainte en annonçant la possibilité d'une croissance perpétuelle. Il suffit pour cela que le capital augmente au même rythme que la population. L'augmentation de la population (facteur travail) et le progrès technique (facteur capital) permettent la croissance infinie de la richesse. Cela constituera l'orthodoxie économique jusqu'à nos jours. Les économistes néoclassiques misent sur la capacité technologique de l'humanité à substituer indéfiniment au capital naturel détruit du capital artificiel reproductible, afin de générer une croissance économique continue. Cette thèse, pour le moins séduisante et rassurante, oublie pourtant l'existence de seuils d'irréversibilité liés à la rareté généralisée des ressources naturelles. Voilà pourquoi l'autre thèse optimiste avancée, elle, par John Stuart Mill, mérite attention. Mill anticipe, dès 1848, les théories et recommandations stagnationnistes contemporaines – croissance zéro, rapports du Club de Rome, décroissance, montée des préoccupations écologistes… Ses principaux arguments pour souhaiter l'avènement de l'état stationnaire sont au nombre de trois : la croissance génère surpopulation et épuisement des ressources naturelles ; la course à la richesse matérielle ne constitue pas un idéal de civilisation ; l'état stationnaire réalise le véritable progrès humain, c'est-à-dire celui d'un esprit affranchi de la servitude de l'émulation économique.

Il est remarquable de constater combien ce débat autour de l'état stationnaire au XIXe siècle est d'une étonnante actualité, et oppose toujours les mêmes courants de pensée, avec des optimistes d'un côté et des pessimistes de l'autre. Les principaux dangers menaçant la survie de l'humanité sont connus : réchauffement climatique, perte de biodiversité, pénurie d'eau, effondrement des stocks halieutiques, déforestation, épuisement et destruction des sols arables, diffusion de produits toxiques. Considérant ces menaces majeures comme des défis à relever, les optimistes croient toujours dans le progrès technique pour y répondre : nouvelles technologies, recyclage des métaux, élimination des déchets, ingénierie du climat… Or, cette foi dans le progrès technique est aujourd'hui remise en cause par des théoriciens qui contestent la possibilité d'un découplage absolu entre croissance économique et préservation des ressources naturelles (Jackson, 2010). La hausse du PIB repose toujours aujourd'hui sur une consommation accrue d'énergies fossiles, de ressources naturelles, et génère de plus en plus de déchets dans l'environnement. On est très loin d'un découplage entre croissance économique et empreinte écologique. Pour Tim Jackson, il n'existe donc aucun scénario de croissance à long terme qui soit à la fois crédible, socialement juste et écologiquement soutenable, dans un monde qui comptera neuf milliards d'individus dès 2050. De façon globale, il n'y aurait pas de solution à la crise écologique actuelle et à venir sans une remise en cause radicale de nos modes de production et de consommation. L'urgence est à la négociation collective d'un nouveau modèle d'organisation sociale. C'est tout un mode de vie qui est à redéfinir pour penser des sociétés qui ne soient plus structurées autour de l'impératif d'une croissance infinie. Cette idéologie du « sans limites » conduit l'économie mondiale dans une impasse et, par pragmatisme, nous lui préférons une logique de décroissance : quelles voies nouvelles pour assurer le bien commun, la qualité de vie pour tous, reposant sur autre chose que la possession de biens matériels et utilisant un autre moteur que la compétition ? On pourrait parler de « décroissance des inégalités, décroissance de la vitesse, décroissance de la publicité, décroissance de la tyrannie de la finance, décroissance du gigantisme, décroissance de l'idéologie de la technoscience, décroissance de l'emprise du marché, du numérique… *Lentius, profundius, suavius !*[1] ». Dans une

1. Vincent Cheynet et Bruno Clémentin (2016), « Contre la COP 21, 22,

économie tenant compte des limites de la planète, le spectacle sportif pourrait alors faire l'objet d'arbitrages sociaux qui lui seraient défavorables. En effet, la lutte contre le réchauffement climatique ou l'effondrement de la biodiversité risque de reléguer le spectacle sportif au rang de non-priorité. Tel est l'enseignement majeur des débats relatifs à l'accueil des grands événements sportifs, qui prennent de l'ampleur ces dernières années (Gouguet et Brocard, 2014). De plus, d'un point de vue éthique, le spectacle sportif pourrait également être sévèrement critiqué dans sa recherche de la performance maximale à tout prix, notamment à l'aide du dopage.

Spectacle sportif : moins vite, moins haut, moins fort ?

Le spectacle sportif doit affronter une double remise en cause : d'une part, parce qu'il entraîne dopage et gaspillage de ressources, d'autre part, parce qu'il diffuse une idéologie qui mène à toutes les dérives.

Déjà on assiste depuis quelques années à une forte contestation des grands événements sportifs : de plus en plus de voix s'élèvent contre leur gigantisme. C'est précisément la démesure de ces événements – et des enjeux économiques, financiers, politiques qui y sont associés – qui rend le dopage inévitable : il faut maximiser la performance, produire du record, du spectaculaire, pour attirer les médias du monde entier ; et, dans cette perspective, tous les moyens sont bons. Contester ces événements n'est certes pas chose aisée, tant les lobbies qui les promeuvent sont actifs et puissants, mais les contraintes pourraient bien remettre en cause l'organisation du spectacle sportif dans un avenir pas si lointain.

23… », *in* La Décroissance (éd.), *Le progrès m'a tuer. Leur écologie et la nôtre*, Vierzon, Le Pas de côté, et Paris, L'Échappée, p. 23-24.

Ces grands événements sportifs représentent en outre un gaspillage croissant – et même parfois délirant – de ressources rares et participent à la dégradation généralisée de l'environnement. Les rejets polluants, liés au transport des athlètes, des spectateurs, des officiels, sont générateurs d'une empreinte carbone de plus en plus insoutenable. Les conséquences écologiques de l'accueil de ces événements peuvent également être désastreuses, comme dans le cas des JO d'hiver de Sotchi en 2014, sans parler de l'organisation de la Coupe du monde de football 2022 au Qatar. Le gaspillage, c'est aussi la construction d'infrastructures surdimensionnées qui, une fois l'événement terminé, ne servent plus à rien (ce que l'on appelle les « éléphants blancs »). Il en existe de multiples exemples dans l'histoire des JO (Montréal, Athènes, Pékin, Sotchi...) ou dans celle des grandes compétitions de football (Euro au Portugal, Coupe du monde en Afrique du Sud ou au Brésil).

Dans un tel contexte de gaspillage, la question du coût d'opportunité de ces événements se pose avec de plus en plus de vigueur : ne serait-il pas plus rentable d'investir les fonds publics ailleurs que dans le spectacle sportif (dans l'éducation, la santé, les transports...) ? C'est le sens des manifestations anti-Coupe du monde de football organisées au Brésil en 2015. L'avenir des grands événements sportifs, tels que nous les connaissons aujourd'hui, est loin d'être assuré, que ce soit pour des raisons économiques, sociales ou environnementales. Les organisations sportives internationales vont en effet devoir accepter de revoir la conception de ces événements, qui sont devenus totalement démesurés (Ferrand et Chappelet, 2015). C'est certainement la condition nécessaire pour garantir leur pérennité face à une remise en cause de plus en plus forte dans les pays démocratiques. Il reste bien sûr les pays émergents et les pays à régime politique autoritaire, qui sont capables d'imposer à leur peuple des choix qui seraient trop difficiles à faire admettre dans une démocratie. Faut-il alors cautionner la position de dirigeants d'institutions sportives internationales qui préfèrent attribuer l'organisation des grands événements sportifs à des pays non démocratiques pour éviter les contestations, tenir les délais et garantir l'acceptation sociale des coûts d'organisation ?

On peut, à l'inverse, se contenter d'attendre que les contraintes environnementales prévisibles à l'horizon du milieu de ce siècle jouent à plein. Par exemple, une étude prospective menée par une équipe canadienne a montré qu'il serait de plus en plus difficile d'organiser des JO d'hiver, faute de neige en quantité suffisante. De même, le réchauffement climatique peut mettre à mal l'organisation des JO d'été du fait de leur gigantisme et de l'ampleur de leur empreinte carbone. Finalement, la crise environnementale actuelle serait donc, indirectement, un facteur de réduction du dopage bien plus efficace que les politiques *ad hoc* que l'on élabore depuis des années, et ce, grâce à la réduction, voire à la disparition de grands événements sportifs pour cause de réchauffement climatique ! Néanmoins, l'histoire n'est jamais écrite, et l'on peut imaginer d'autres scénarios, notamment celui d'une poursuite de la fuite en avant dans le gaspillage de ressources. Le spectacle sportif pourrait alors continuer à jouer son rôle festif auprès de masses de population souffrant de conditions de vie de plus en plus difficiles.

La critique de la démesure et du gaspillage n'est pas la seule attaque portée contre le spectacle sportif. On assiste actuellement à un autre mouvement de fond : la renaissance de nombreuses analyses dénonçant le sport comme idéologie. En particulier, le spectacle sportif serait là pour mettre en scène la beauté de la performance, tout en masquant la réalité du dopage. Par exemple, selon Robert Redeker (2012), le spectacle sportif diffuse toujours le même message, c'est-à-dire le culte de la performance, l'amour de la loi du plus fort, le fanatisme de l'évaluation, la légitimité de la tricherie. Concernant ce dernier point, l'histoire du football fournit de nombreux exemples de tricheries sur le terrain qui, bien que violant le règlement, ont été considérées comme acceptables, au vu des enjeux associés à l'issue de la rencontre. Rappelons-nous la « main de Dieu » de Diego Maradona lors de la Coupe du monde au Mexique en 1986, ou la main de Thierry Henry qualifiant la France face à l'Irlande pour disputer la Coupe du monde 2010 en Afrique du Sud. Pourquoi ne pas cautionner de la même façon le dopage, puisqu'il faut gagner à tout prix ?

Il ne peut cependant y avoir un décalage trop important entre le discours officiel sur les valeurs du sport et la réalité. Tout grand écart a ses limites. Les instances sportives internationales risquent d'avoir de plus en plus de mal à cautionner ces dérives qui minent le spectacle sportif au point, peut-être, de le décrédibiliser auprès de l'opinion publique. On est ici au cœur des contradictions qui minent les institutions sportives internationales propriétaires des plus grands spectacles planétaires. Le CIO a connu de multiples scandales autour de la sélection des villes d'accueil, des modalités de désignation de ses membres, ou de ses relations très ambiguës avec des pouvoirs totalitaires... Des affaires de corruption ont également gangréné la FIFA, l'attribution de la Coupe du monde 2022 au Qatar en constituant l'un des derniers épisodes. De la même façon, les scandales en matière de dopage éclaboussent les institutions sportives, qui auront de plus en plus de difficultés à nier leur responsabilité. Pourquoi faut-il toujours des dénonciations pour faire sortir de l'ombre les principales affaires de dopage ? Pourquoi sont-ce toujours les institutions non sportives (justice, fisc, douanes, police) qui font avancer la lutte contre le dopage ? L'explication de cette forme d'impunité des institutions sportives tient au fait que, en partie au moins, le sport structure la société, la contraint à lui ressembler. Les injonctions sportives envahissent l'école, l'entreprise, la fonction publique, la famille, la vie privée : il faut être performant, être un battant, un gagneur, devenir le plus fort (Queval, 2004). Le sport mis en spectacle est devenu une véritable idéologie.

« Le sport, qui envahit sans vergogne l'espace et le temps, peut être tenu pour le pouvoir spirituel contemporain : il règne sur les âmes [...]. Le sport est une idéologie, c'est-à-dire une vision globale, totalisante, de l'homme et du monde, au même titre que le communisme, le fascisme, le libéralisme, les religions. Il exalte la victoire, la compétition, le plus fort, la démesure, les vainqueurs. En même temps, il est une parodie de religion [...], aucun message spirituel ne s'en dégage[1]. » Le sport s'inscrit ainsi dans l'idéologie du progrès qui assimile ce dernier à la performance. Il s'agit de faire croire, grâce au spectacle sportif, que le progrès consiste à aller plus vite, plus haut, plus fort, qu'on peut le mesurer et qu'il ne s'arrête jamais. Voilà pourquoi il faut réaliser des performances, battre des records.

Reprenons Robert Redeker : « Le sport est le dispositif qui exporte et planétarise l'âme de l'Occident moderne : la haine de la limite. Il ne se contente pas d'exporter le goût de la consommation. Il ne se contente pas d'exporter la publicité jusque dans les zones les plus déshéritées du globe. Il ne se contente pas d'exporter le spectacle télévisuel des affrontements sportifs. Il exporte notre âme, à nous autres, Occidentaux modernes. Les autres civilisations ne connaissent pas le sport parce que, dans toutes, l'*hubris* (la démesure) passe pour le

1. Redeker, *op. cit.*, p. 18.

péché suprême. Au “rien de trop” de l’Antiquité grecque répond dans notre monde son inverse : le “plus vite, plus haut, plus fort” de l’olympisme contemporain[1]. » On retrouve ici l’opposition, classique en philosophie, entre le bien et le mieux pour définir l’excellence. Chez Aristote, l’excellence se définissait comme la juste mesure, la tempérance, la prudence. Avec la modernité, l’excellence est assimilée à la performance, au dépassement des limites. Nous reviendrons, à la fin de cet essai, sur cette question fondamentale : comment faire pour revenir à la sagesse d’Aristote et à sa juste mesure ?

Sans remise en cause de cette vision idéologique du sport et de la performance, de la haine de la limite, le dopage restera irréductible pour toutes les raisons que nous avons déjà exposées. Comme dans le cas du gigantisme des événements sportifs, on peut néanmoins compter sur l’évolution d’un certain nombre de valeurs sociétales pour avoir raison – espérons-le – de l’idéologie du « toujours plus ».

2. Promouvoir d’autres valeurs et sortir de la compétition

La promotion d’un autre sport est souhaitable et l’élément rassurant est qu’un changement de valeurs transparaît déjà dans l’émergence de nouvelles motivations pour l’activité sportive. Il semblerait qu’il y ait un début de désaffection vis-à-vis des pratiques de compétition. La question est de savoir si, à terme, le sport ludique amateur pourrait aller jusqu’à remplacer le sport-spectacle professionnel, ce qui signifierait l’avènement d’une autre société.

1. *Ibid.*, p. 162.

Le levier d'une pratique sportive désintéressée

Le spectacle sportif et son idéologie sont là pour promouvoir le modèle économique du libéral-productivisme et de la consommation présentée comme but ultime de l'existence. À la place de ce modèle, et pour transmettre d'autres valeurs indispensables au vivre-ensemble, on a sans doute plus besoin de mouvements d'éducation populaire que du spectacle de quelques vedettes surpayées de façon indécente. Le mouvement sportif dans son ensemble doit se préparer à une telle évolution dans ses missions. En effet, on voit des pratiques sportives se développer hors du cadre fédéral afin de répondre à d'autres besoins que celui de se mesurer: le plaisir, la convivialité, la santé... En traduisant d'autres normes de reconnaissance sociale, ces nouvelles motivations de la pratique sportive peuvent aboutir à la remise en cause de la conception traditionnelle du sport de masse, vivier potentiel du sport d'élite. On risque d'assister dans les prochaines années à un véritable bouleversement de la pyramide sportive. Il pourrait y avoir une opposition de plus en plus nette entre le sport-spectacle, d'un côté (et toutes ses dérives, dont le dopage), et, de l'autre côté, la pratique sportive désintéressée, recherchée pour le plaisir et la santé. Cette évolution dans les pratiques sportives a commencé en France il y a environ une trentaine d'années et s'est déployée autour de trois tendances lourdes: la massification, la démocratisation, la diversification.

La massification de la pratique s'apprécie tout d'abord à partir du nombre de licences délivrées, qui passe de 2 millions en 1950 à 15,9 millions en 2014. Cette massification s'apprécie également à partir du nombre d'individus déclarant « faire du sport ». En dépit de la très forte variation des méthodes employées dans les différentes enquêtes nationales, l'extension de la pratique sportive est indéniable : le pourcentage d'individus âgés de plus de 15 ans déclarant se livrer à au moins une pratique sportive dans l'année passe de 39 % en 1967 à 47,7 % en 1984 et à 89 % en 2010 ! De multiples facteurs ont concouru à ce remarquable essor : initiatives publiques, allongement de la scolarisation, augmentation des revenus, diminution de la durée du travail... Enfin, le sport est devenu dans les années 1980 un phénomène social majeur.

La démocratisation des pratiques sportives est indiscutable, même si des inégalités perdurent en fonction des sports. En effet, le sport a longtemps constitué un privilège des milieux sociaux aisés. L'accessibilité au sport s'est globalement améliorée, y compris dans des sports réputés « aristocratiques » comme le tennis, l'équitation ou le golf. Des différenciations entre participants perdurent néanmoins en fonction des niveaux de revenus et de diplômes.

La troisième tendance est la diversification des pratiques sportives avec la remise en cause du modèle unique tourné vers la compétition et la performance. Ainsi, dès les années 1970, on assiste à la montée des pratiques informelles exercées en dehors de tout cadre fédéral : exercice physique à domicile, pratiques de vacances (ski, activités nautiques...), pratiques considérées comme des formes de contre-culture (planche à voile, surf, vol libre...), sports de nature, et, plus largement, pratiques officielles librement détournées et adaptées, c'est-à-dire se déployant en dehors de toute structure ou sur un mode non compétitif (footing, basket de rue, street-golf...). On ne sait pas encore comment va s'effectuer, à l'avenir, la répartition entre demande de pratiques sportives officielles et demande de pratiques informelles. En effet, cette opposition des pratiques entre compétition / performance d'un côté et loisir / bien-être de l'autre n'est peut-être pas aussi tranchée qu'il y paraît au premier abord, et il convient donc d'être prudent. La compétition n'exclut pas nécessairement la recherche de convivialité, de santé, de plaisir, de lien social, et le loisir, de son côté, n'exclut pas nécessairement des formes de compétition ou de dépassement de soi. Cela est particulièrement vrai pour les sports de glisse ou les sports extrêmes. Néanmoins, même si ces activités peuvent se pratiquer dans un certain esprit compétitif, elles se déroulent en dehors du cadre fédéral, ce qui traduit une marque de défiance vis-à-vis de l'institution sportive. Le club sportif aujourd'hui n'est plus forcément attractif, il est davantage perçu comme une contrainte, avec ses horaires d'entraînement, ses compétitions, sa demande d'implication de tous. De fait, face à des pratiquants de moins en moins intéressés par la compétition, les clubs et associations éprouvent des difficultés à s'adapter. Pour beaucoup d'observateurs du sport, le secteur marchand privé serait beaucoup plus apte à se montrer réactif face aux évolutions des pratiques. Si cette tendance se confirmait, la pratique sportive se rapprocherait plus d'une activité de loisir, de tourisme, donnant naissance à une véritable industrie (remise en forme, divertissement), très éloignée dans son esprit de la compétition sportive.

Du fait de la remise en cause de la compétition, ces nouvelles formes de pratique sportive conduisent-elles à l'abandon du dopage ? La réponse n'est pas immédiate. Pour certaines activités, la rupture avec la compétition et la performance est telle que la motivation essentielle du dopage disparaît. Mais, dans d'autres cas, on observe que, même si elles ne s'inscrivent pas dans une logique officielle de compétition, certaines pratiques sportives sont particulièrement intenses. On peut vouloir « faire un chrono » pour se prouver à soi-même que l'on est capable de le faire ! Et certains sports exigent de grandes capacités physiques, que ce soit à l'effort ou en endurance. Pour atteindre des objectifs de résultats, certains pratiquants n'hésitent pas à reproduire les pires travers du monde sportif traditionnel, surentraînement et dopage à la clé. Voilà pourquoi il est nécessaire de prendre en compte les injonctions normatives données par le système libéral-productiviste : être mince, performant, en bonne santé. Les motivations des pratiques sportives ne sont donc pas complètement indépendantes des règles du jeu social. D'un côté, la remise en cause du sport traditionnel et la montée des pratiques hors structure peuvent conduire à diffuser des valeurs peu conformes à la logique productiviste. De l'autre, le maintien du système productiviste peut compromettre la généralisation de pratiques sportives résolument non compétitives. L'éradication du dopage dépendra donc d'une double mutation : le sport peut-il se transformer en jeu dans la continuation de la montée en puissance actuelle des pratiques non compétitives ? Le système productiviste peut-il évoluer en modèle de coopération pour sortir de l'impasse dans laquelle il se trouve à cause du non-respect des limites de la planète ?

Le retour du jeu et la fin de la compétition

Pour apprécier si la désaffection actuelle à l'égard de la pratique compétitive peut se généraliser au sport dans son ensemble, puis à la société, il est nécessaire de connaître la relation conflictuelle entre jeu et sport. Selon Robert Redeker (2012), *si le sport est de l'antijeu, le jeu est de l'antisport*. Un rappel historique des rapports entre jeu et sport va permettre de comprendre cette affirmation de Redeker. Le jeu est devenu sport avec le développement du capitalisme industriel en Angleterre au XIXe siècle. On peut se demander aujourd'hui si le sport pourrait redevenir jeu, à mesure que les nouvelles valeurs non compétitives émergent dans les pratiques sportives. Le jeu constituerait dans ce cas la plus grande menace pour le sport.

Revenons à l'origine du sport-spectacle moderne, au XIXe siècle. C'est grâce à une *codification stricte* de la confrontation entre participants que des jeux traditionnels se sont transformés en sports modernes, mais c'est surtout la *finalité* de l'activité sportive qui a bouleversé son esprit. Il ne s'agissait plus alors de jouer pour le plaisir, mais de gagner, de se dépasser, de performer. « Le sport naquit au début du XIXe siècle en fixant des règles à des activités sauvages, tout en leur donnant un but en harmonie avec le nouvel air du temps, la victoire dans la compétition. Pour que le sport naisse, il fallait que le jeu sportif trépasse[1]. »

Les nouvelles codifications adoptées au XIXe siècle plongent en partie leurs racines dans les jeux traditionnels, mais en modifient radicalement le déroulement. L'un des exemples les plus flagrants est bien sûr le football, qui remplace la sioule, jeu violent et peu réglementé. De façon générale, les caractéristiques des jeux traditionnels sont abandonnées et, à la place de ceux-ci, le sport moderne naît du respect d'un encadrement rigoureux de la compétition : règles écrites, terrain de jeu clairement délimité, stricte séparation entre joueurs et spectateurs, arbitrage officiel, contrôle de la violence, spécialisation des rôles, technicisation, individualisation... Pour mettre en place cette nouvelle conception du sport, des institutions voient le jour dès le milieu du XVIIIe siècle. Néanmoins, c'est à partir de la seconde révolution industrielle, au milieu du XIXe siècle, que l'organisation du sport s'impose progressivement sous la forme *pyramidale*. Nous l'avons déjà dit, cette révolution s'est effectuée en premier en Angleterre, laquelle constitue le berceau du sport moderne. En 1863, la Football Association est créée. À partir de 1871, elle organise la Coupe nationale. Et c'est le début de la structuration pyramidale du sport en

1. *Ibid.*, p. 166.

clubs, fédérations, ligues et championnats. De plus, en 1882, c'est une équipe semi-professionnelle qui gagne la Coupe d'Angleterre, traditionnellement remportée par des équipes amateurs : cela marque le point de départ d'une progression de la professionnalisation du sport. En 1888, le football professionnel anglais se dote de structures propres avec la création de l'English Football Association. Les sports anglais s'étendent alors progressivement à l'Empire britannique, à l'Europe et aux autres continents. Et, avec eux, leur modèle, c'est-à-dire les règles codifiées en Angleterre. Néanmoins, cette diffusion du modèle anglais ne va pas s'effectuer sans un certain nombre de difficultés.

En France, par exemple, la résistance à la diffusion du modèle anglais va être vive, notre culture traditionaliste rejetant la modernité sportive et son esprit de compétition. Les partisans de l'éducation traditionnelle axée autour de la gymnastique voient avec inquiétude l'arrivée de ce nouveau modèle, mais l'importation du sport à l'anglaise est également combattue par les défenseurs des jeux nationaux traditionnels. De plus, dans les années 1930, une nouvelle querelle surgit entre partisans de l'amateurisme et partisans du professionnalisme, ce dernier apparaissant en France comme incompatible avec la morale sportive : selon ses détracteurs, il ne peut que pervertir le professionnel, contrairement à l'amateur, qui reste, lui, désintéressé et vertueux. Mais, en dépit de cette opposition, le spectacle sportif finira tout de même par s'imposer, à mesure que seront créés les grands événements sportifs contemporains (JO, Tour de France, Coupe du monde de football).

L'intégration progressive du spectacle sportif dans la mondialisation économique a anéanti l'idée du jeu organisé pour le seul plaisir de participer. Cette domination de la logique économique a transformé le jeu en activité économique régie par les mêmes impératifs de maximation de la performance. Le sport-spectacle, c'est *de l'économique*, donc « du sérieux », et il n'est pas question de « jouer » avec l'argent des sponsors, des mécènes, avec la Bourse, bref, avec les affaires en règle générale. La réhabilitation du jeu serait, aujourd'hui, complètement subversive pour le spectacle sportif, mais également pour le système productiviste. Le jeu plonge en effet ses racines dans d'autres valeurs que celles du sport devenu business, notamment dans la convivialité par opposition à la compétition. Voilà pourquoi le jeu pourrait être l'annonciateur d'une société autre que celle dans laquelle nous vivons, une société d'un autre type qui remplacerait une société de lutte de tous contre tous. Cette dernière est traditionnellement considérée comme inévitable par les tenants du néolibéralisme, pour qui la compétition serait inhérente à la nature humaine. Or, selon d'autres courants de pensée, le présupposé néolibéral d'une nature humaine avide de compétition et de performance individuelle ne correspond pas à la réalité des comportements de bon nombre de nos contemporains, qui se caractérisent au contraire par la solidarité et l'altruisme. Deux tendances opposées structurent chacun d'entre nous : l'égoïsme d'un côté et l'altruisme de l'autre. Sur ces bases, Jacques Généreux propose de distinguer trois types de société : une société de « progrès humain » qui cherche à concilier « le désir d'être soi pour soi, et celui d'être avec et pour les autres[1] » ; un premier type de société de « régression inhumaine », nommé « dis-société », dans laquelle la compétition de tous contre tous étouffe toute solidarité ou coopération ; un second type de société de « régression inhumaine », nommé « hypersociété », dans laquelle la primauté du collectif et de la contrainte sociale étouffe toute autonomie individuelle. Cette typologie éclaire

1. Généreux (2011a, 2011b, 2011c), *op. cit.*

notre propos. Le sport contemporain s'est construit dans le cadre de la « dissociété », et il subit toutes les conséquences résultant de la compétition de tous contre tous. Pour en sortir, de nombreux courants de pensée ont proposé de passer d'un système de compétition (la guerre économique) à un système de coopération. Dès 1995, des intellectuels réunis dans le Groupe de Lisbonne, proposaient déjà un « désarmement économique mondial ». À l'heure actuelle, on retrouve ce genre de proposition dans le cadre d'un Manifeste convivialiste (2013) qui est le résultat de débats menés au sein d'un groupe d'une quarantaine d'auteurs francophones représentatifs de courants de pensée et d'action qui tentent de « dessiner les contours d'un autre monde possible[1] ». De multiples appellations existent pour caractériser de telles recherches d'alternatives, qui se développent rapidement depuis quelques années dans tous les pays : « La défense des droits de l'homme et de la femme, du citoyen, du travailleur, du chômeur, ou des enfants ; l'économie sociale et solidaire avec toutes ses composantes (les coopératives de production ou de consommation, le mutualisme, le commerce équitable, les monnaies parallèles ou complémentaires, les systèmes d'échange local, les multiples associations d'entraide) ; l'économie de la contribution numérique ; la décroissance et le postdéveloppement ; les mouvements *slow food, slow town, slow science* ; la revendication du *buen vivir*, l'affirmation des droits de la nature et l'éloge de la *pachamama* ; l'altermondialisme, l'écologie politique et la démocratie radicale, les *indignados*, *Occupy Wall Street* ; la recherche d'indicateurs de richesse alternatifs, les mouvements de la transformation personnelle, de la sobriété volontaire, de l'abondance frugale, du dialogue

1. Manifeste convivialiste (2013), *Déclaration d'interdépendance*, Lormont, Le Bord de l'eau, p. 5.

des civilisations, les théories du *care*, les nouvelles pensées des *communs*, etc.[1]. » Le point commun de toutes ces démarches est la recherche d'un convivialisme, « nom donné à tout ce qui dans les doctrines existantes, laïques ou religieuses, concourt à la recherche des principes permettant aux êtres humains à la fois de rivaliser et de coopérer, dans la pleine conscience de la finitude des ressources naturelles, et dans le souci partagé du soin du monde[2] ».

La nouvelle société prônée par ce Manifeste « est celle qui sait faire droit au désir de reconnaissance de tous, et à la part de rivalité, d'aspiration au dépassement permanent de soi et d'ouverture au risque qu'il recèle, en empêchant qu'il ne se transforme en démesure, en *hubris*, et en favorisant, au contraire, l'ouverture coopérative à autrui[3] ». La mise en place d'une telle société ne sera possible qu'à deux conditions. D'une part, la pensée politique actuelle devra abandonner ses deux postulats de base : le primat absolu des problèmes économiques sur tous les autres ; la profusion sans limites des ressources naturelles. On ne peut résoudre les problèmes d'aujourd'hui et de demain avec des réponses d'hier. D'autre part, quatre principes fondamentaux seront à mettre en œuvre pour dessiner les contours généraux d'une nouvelle doctrine d'organisation sociale : le principe de commune humanité énonçant qu'il n'y a qu'une seule humanité qui doit être respectée en la personne de chacun de ses membres ; le principe de commune socialité qui reconnaît que les êtres humains sont des êtres sociaux pour qui la plus grande richesse est la richesse de leurs rapports sociaux ; le principe d'individuation qui permet à chacun de développer sa puissance d'être et d'agir sans nuire à celle

1. *Ibid.*, p. 13.
2. *Ibid.*, p. 25.
3. *Ibid.*, p. 14.

des autres ; le principe d'opposition maîtrisée qui autorise le conflit tout en garantissant qu'il ne dérive pas en violence destructrice[1].

Ces quatre principes devraient en théorie garantir le bien-vivre ensemble. La question qui se pose est donc de savoir, en pratique, comment rendre cette construction désirable aux yeux du plus grand nombre. Comment faire prendre conscience à la population des bienfaits du convivialisme par rapport à ce que lui apportent les politiques actuelles ? Proposer ici une réponse globale n'est pas possible du fait de la complexité de l'interaction des problèmes à prendre en compte, mais nous pouvons voir que des priorités se dessinent déjà : la réduction des inégalités, la préservation de l'environnement, l'élimination de la grande pauvreté, la survie de territoires vulnérables... Face à tous ces défis, on retrouve les propositions faites par les théoriciens de la décroissance (D'Alisa, Demaria, Kallis, 2015). Il ne nous appartient pas ici de détailler leurs programmes, mais, pour revenir au sujet qui nous occupe, nous voudrions conclure sur ce que pourrait être le devenir du dopage dans une société convivialiste.

La meilleure façon de lutter contre le dopage consiste à lutter contre la « dissociété », dans laquelle la guerre de tous contre tous justifie l'utilisation de tous les moyens pour essayer de gagner. Nous ne répéterons jamais assez que, tant qu'il y aura recherche de la performance maximale ou de la victoire, il y aura dopage. Albert Jacquard l'avait exprimé de belle manière voilà plus de dix ans : « Si vraiment l'objectif est de participer, il ne peut pas être de gagner ; si vraiment l'objectif est de rencontrer amicalement d'autres êtres humains, il ne peut pas être de chercher à l'emporter sur eux ; si vraiment il s'agit de faire la fête, il ne peut pas s'agir de se doper. Pour

1. *Ibid.*, p. 26-27.

éradiquer le dopage, la seule voie possible est d'en supprimer la cause, c'est-à-dire d'oublier la compétition[1]. »

Pourquoi ne pas en rester à une confrontation fraternelle, la compétition se transformant alors en émulation ? Il n'y a pas de gagnant ni de perdant, mais simplement le plaisir de participer à une joie commune. Robert Redeker l'a relaté ainsi : « Nous jouions dans les règles de l'art. Les équipes étaient composées une semaine à l'avance. Les matches se déroulaient en autogestion : aucun besoin d'arbitre, les vingt-deux joueurs assumaient cet office. Nous n'étions encartés à aucune fédération. Nulle bureaucratie sportive ne mit la main sur nous. Malgré un engagement touchant la limite de nos forces, aucun geste de violence ne vint salir nos ébats. Il n'y avait ni tribune ni supporters. Ni micros, ni caméras, ni journalistes. Vite oublié, le résultat du match ne se gonflait d'importance que sur le moment. Nous jouions au foot pour rien. Nous jouions pour être, tout simplement, en étant des jeunes gens gambadant sur une pelouse, à en perdre le souffle. Dans le jeu de l'affrontement, se vivaient des amitiés. Amateur se dit de celui qui aime gratuitement. Nous étions des amants du sport, amants des amitiés qui s'y nouaient, amants du bonheur d'être qui s'y déployait[2]. »

Cette vision d'une pratique sportive gratuite pourrait-elle s'étendre à l'ensemble de la société pour contrer le « toujours plus » et l'ignorance des limites du système productiviste ? Répondre à une telle question dépasserait largement le cadre de cet essai. Nous affirmons seulement que des changements profonds sont nécessaires, aussi bien dans les structures politiques et économiques que dans les valeurs, dans notre conception de nos buts de vie et dans notre comportement

1. Albert Jacquard (2004), *Halte aux Jeux !*, Stock, p. 95.
2. Redeker, *op. cit.*, p. 170.

personnel. Il ne s'agit pas d'attendre passivement le miracle d'une révolution, il faut commencer dès maintenant à nous changer nous-mêmes et à changer la société. Pour cela, répétons qu'il est absolument indispensable de rendre ce nouveau projet de société *désirable*. La fin du dopage est au cœur de cette problématique. Si le but ultime de la vie n'est plus d'être le plus fort, d'être le plus performant possible, le dopage devient inutile.

La fin du dopage généralisé marquerait ainsi l'entrée de l'humanité dans une nouvelle ère. Nous avons besoin de définir collectivement un nouveau projet de société pour éviter le saccage de la planète. Pour cela, il va falloir réduire la voilure et se poser la question de la remise en cause de la croissance économique et de la croyance dans un progrès illimité grâce à la science et à la technique. L'alternative existe dans un modèle de décroissance, et nous avons largement les moyens de mener à bien la transition vers ce modèle nouveau. Des espoirs de changement social renaissent à l'heure actuelle avec l'évolution du rapport de force en faveur de la société civile et de ses multiples mouvements de résistance. La confrontation sportive sans enjeu et sans dopage pourrait, elle aussi, contribuer à un réveil des consciences autour d'un nouveau modèle d'organisation sociale. Un tel modèle ne peut se concevoir sans intégrer la nécessité de la sobriété, la croissance économique infinie étant condamnée par la finitude des ressources naturelles.

L'un des enjeux majeurs des années à venir est de savoir comment persuader l'opinion publique de renoncer à un certain nombre d'acquis considérés comme non négociables, tels que la mobilité sans limites, les vacances à l'autre bout de la planète, la consommation de produits à contre-saison… De nombreux citoyens n'ont pas encore conscience des conséquences de leurs actes présents sur la vie future de leurs propres enfants et petits-enfants. Les impacts que ces derniers vont être amenés à subir seront ingérables pour eux, si, collectivement, nous n'inversons pas rapidement notre sentier de croissance. La société civile, face à l'incurie des responsables politiques, doit se persuader de ne compter que sur elle-même pour produire du changement et s'ériger en contre-pouvoir efficace.

Laissons le mot de la fin à Edgar Morin : « Comme les pièces dispersées au hasard d'un puzzle, les ferments premiers de la nouvelle civilisation travaillent ici et là, font ici et là lever la pâte nouvelle. Les besoins inconscients d'une autre vie commencent alors à passer à la conscience. Des oasis de convivialité, de vie nouvelle se sont créées. [...] Ce sont des petits printemps qui bourgeonnent, mais qui risquent la glaciation ou le cataclysme. Aujourd'hui, il s'agit de changer de voie, d'élaborer une nouvelle voie et, cela, dans et par le développement de la nouvelle civilisation qu'incarnent déjà tant de bonnes volontés, et qui dessine de nouvelles formes dans les oasis de la vie. Mais les forces obscures et obscurantistes énormes de la barbarie froide et glacée du profit illimité qui domine la civilisation actuelle progressent encore plus vite que les forces de salut, et nous ne savons pas encore si celles-ci pourront accélérer et amplifier leur développement. L'alternative est désormais : nouvelle civilisation ou barbarie[1]. »

1. Edgar Morin (2016), « En guise de postface : en deçà et au-delà du politique », *in* Alain Caillé et Les Convivialistes, *Éléments d'une politique convivialiste*, Lormont, Le Bord de l'eau, p. 209-210.

Bibliographie

ALEXANDRE, Laurent (2011), *La Mort de la mort. Comment la technomédecine va bouleverser l'humanité*, Paris, Jean-Claude Lattès.

ANDREFF, Wladimir (2015), « La difficulté d'une régulation économique supranationale : vers de nouvelles solutions », *Reflets et Perspectives de la vie économique*, numéro spécial « Le sport-spectacle en danger ? Une approche économique », Bruxelles, De Boeck, t. LIV, n° 3.

– (2013), « Une transition économique inattendue : vers le "cupidalisme" ? », *Research in Political Economy*, 28.

– (2012), *Mondialisation économique du sport*, Bruxelles, De Boeck.

– (1985), « Le muscle et la machine : le dialogue entre le sport et l'innovation », *Culture technique*, n° 13, Paris, Centre de recherche sur la culture technique.

BARGET, Éric, et GOUGUET, Jean-Jacques (2010), *Événements sportifs. Impacts économique et social*, Bruxelles, De Boeck.

BECKER, Gary (1968), « Crime and punishment : An economic approach », *Journal of Political Economy*, 76.

BENSAUDE-VINCENT, Bernadette (2009), *Les Vertiges de la technoscience. Façonner le monde atome par atome*, Paris, La Découverte.

BERENTSEN, Aleksander (2002), « The Economics of doping », *European Journal of Political Economy*, 18.

BERTHELOT, Geoffroy, *et al.* (2007), « La fin du *Citius* : la progression des records du monde durant l'ère olympique annonce l'épilogue d'une brève quête ultra-physiologique », Paris, IRMES.

BESNIER, Jean-Michel (2012), *Demain les posthumains. Le futur a-t-il encore besoin de nous ?*, Paris, Fayard.

BIHOUIX, Philippe (2014), *L'âge des* low tech. *Vers une civilisation techniquement soutenable*, Paris, Seuil.

BIRD, Edward, et WAGNER, Gert (1997), « Sport as a common property resource : a solution to the dilemmas of doping », *Journal of Conflict Resolution*, 441.

BOIGEY, Maurice (1917), *L'Élevage humain*, Paris, Payot.

BOURG, Jean-François (2014), *Contribution à une analyse économique des marchés du sport professionnel. Une mise en perspective théorique et empirique*, Villeneuve d'Ascq, L'Atelier national de reproduction des thèses.

– (2011), « Dopage et risques : *homo œconomicus* ou *homo sportivus* ? », Paris, *Risques*, n° 88, décembre.

– (2010), « Éléments d'une macroéconomie du dopage », *Jurisport*, septembre, Paris, Dalloz.

– (2008), « Les très hauts revenus des superstars du sport. Un état des approches théoriques et empiriques », *Revue d'économie politique*, Paris, vol. 118, n° 3.

– (2008), « Dopage sportif », *Encyclopædia Universalis*, Paris, corpus 22, 6e éd.

– (2003), « Contribution à une analyse économique du dopage », in *Reflets et Perspectives de la vie économique, Sports et mondialisation : quel enjeu pour le XXIe siècle ?*, 39 (2-3), Bruxelles.

– (1999), « L'industrie du dopage », *Alternatives économiques*, Paris, n° 172, juillet-août.

–, et GOUGUET, Jean-Jacques (2012), *Économie du sport*, Paris, La Découverte, coll. « Repères », 3e éd.

– (2007), *Économie politique du sport professionnel. L'éthique à l'épreuve du marché*, Paris, Vuibert.

BRISSONNEAU, Christophe (2011), « Éthique médicale et imposition des normes sportives (1985-2009) », *in* MISSA, Jean-Noël, et NOUVEL, Pascal (2011), *Philosophie du dopage*, Paris, PUF.

– (2007), « Le dopage dans le cyclisme professionnel au milieu des années 1990 : une reconstruction des valeurs sportives », *Déviances et Société*, 2, 31.

BURGAT, Florence (2012), *Une autre existence. La condition animale*, Paris, Albin Michel.

CAVAGNAC, Michel (2009), « La réduction du dopage par des accords volontaires », Document de travail, CDES, Université de Limoges, LERNA Toulouse School of Economics.

CHAMBERS, Dwain (2009), *Race against me. My story*, Libros International.

CHAPOUTHIER, Georges, et KAPLAN, Frédéric (2011), *L'Homme, l'Animal et la Machine*, Paris, CNRS Éditions.

CHEYNET, Vincent, et CLÉMENTIN, Bruno (2016), « Contre la COP 21, 22, 23… », *in* La Décroissance (éd.), *Le progrès m'a tuer. Leur écologie et la nôtre*, Vierzon, Le Pas de côté, et Paris, L'Échappée.

CONNOR, James Mc Nair, et MAZANOV, Jason (2009), « Would you dope ? A general population test of the Goldman dilemma », *British Journal of Sports Medicine*, 11.

COPPEL, Anne, et DOUBRE, Olivier (2012), *Drogues : sortir de l'impasse. Expérimenter des alternatives à la prohibition*, Paris, La Découverte.

CUSSET, Pierre-Yves (2012), *Les Technologies d'amélioration des capacités humaines*, Paris, Dalloz.

D'ALISA, Giacomo, DEMARIA, Federico, et KALLIS, Giorgos (2015), *Décroissance. Vocabulaire pour une nouvelle ère*, trad. S. Bréan, X. Kemmlein, E. Renard *et al.*, Neuvy-en-Champagne, Le Passager clandestin.

DINE, Gérard (2011), « Champion de demain : prédisposition naturelle optimisée ou amélioration structurelle programmée ? », *in* MISSA, Jean-Noël, et NOUVEL, Pascal (2011), *Philosophie du dopage*, Paris, PUF.

DONATI, Alessandro (2007), *Les Trafics mondiaux de substances dopantes*, New York, Agence mondiale anti-dopage, février.

– (2010), *Dopage, Argent et Mondialisation*, Genève, Symposium AGE-ISMMS, 12 novembre.

EBER, Nicolas (2008a), « Le dilemme du sportif », *Revue d'économie politique*, Paris, 118.

– (2008b), « The performance-enhancing drug game reconsidered : a fair play approach », *Journal of Sports Economics*, 5.

ELLUL, Jacques (1988), *Le Bluff technologique*, Paris, Hachette.

– (1954), *La Technique ou l'Enjeu du siècle*, Paris, Armand Colin.

ERHENBERG, Alain (1999), « Du dépassement de soi à l'effondrement psychique. Les nouvelles frontières de la drogue », *in* « Le sport, la triche et le mythe », *Esprit*, janvier.

ESCANDE, Jean-Paul (2003), *Des cobayes, des médailles, des ministres. Contre une course à l'expérimentation humaine*, Paris, Max Milo.

FERRAND, Alain, et CHAPPELET, Jean-Loup (2015), « *Smaller is beautiful* : vers de plus petits événements sportifs ? », *Reflets et Perspectives de la vie économique*, t. LIV, n° 3, Bruxelles, De Boeck.

FERRY, Luc (2016), *La Révolution transhumaniste*, Paris, Plon.

FONDATION SCIENCES CITOYENNES (2010), « Conférences de citoyens. Éclairage sur une procédure participative », http://sciencescitoyennes.org/rubrique/democratisation-de-la-science/convention-de-citoyens/.

FRANK, Robert, et COOK, Philip (1995), *The Winner takes all society,* New York, Penguin Books.

GAYRAUD, Jean-François (2014), *Le Nouveau Capitalisme criminel*, Paris, Odile Jacob.

GÉNÉREUX, Jacques (2011a), *La Dissociété. À la recherche du progrès humain*, vol. 1, Paris, Seuil, 3e éd.

– (2011b), *L'Autre Société. À la recherche du progrès humain*, vol. 2, Paris, Seuil.

– (2011c), *La Grande Régression. À la recherche du progrès humain*, vol. 3, Paris, Seuil.

GOETGHEBUER, Gilles (2014), *Dopage : le livre qui fait le point sur les mythes, les mensonges et sur ce scandale permanent*, Paris, La Boîte à Pandore.

GOUGUET, Jean-Jacques, et BROCARD, Jean-François (2014),

« Grands événements sportifs. La nécessité d'une réévaluation », *Futuribles*, n° 401, juillet-août.

HAMILTON, Tyler, et DANIEL, Coyle (2013), *La Course secrète*, trad. A. Muchnik, Paris, Presses de la Cité.

HAUGEN, Kjetil (2004), « The performance-enhancing drug game », *Journal of Sports Economics*, 5.

HAUTEFEUILLE, Michel (2009), *Dopage et Vie quotidienne*, Paris, Payot.

HAUTEFEUILLE, Michel, et WIEVIORKA, Emma (2014), *La Légalisation des drogues. Une mesure de salut public*, Paris, Odile Jacob.

HOLT, Richard, et SÖNKSEN, Peter (2008), « Growth hormone, IGF-I and insulin and their abuse in sport », *British Journal of Pharmacology*, vol. 154, issue 3, p. 542-556.

HOURCADE, Michel (2004), « Sport, technique et société. Le sport vu par Jacques Ellul », The Ellul Forum, vol. 34. International Jacques Ellul Society, Californie, Berkeley, http://www.ellul.org.

JACKSON, Tim (2010), *Prospérité sans croissance. La transition vers une économie durable*, trad. De Boeck, Bruxelles, De Boeck.

JACQUARD, Albert (2004), *Halte aux Jeux !*, Paris, Stock.

KAHNEMAN, Daniel (2012), *Système 1/Système 2. Les deux vitesses de la pensée*, trad. R. Clarinard, Paris, Flammarion.

KAYSER, Benjamin (2011), « La politique antidopage : un dilemme éthique », *in* MISSA, Jean-Noël, et NOUVEL, Pascal (2011), *Philosophie du dopage*, Paris, PUF.

–, MAURON, André, et MIAH, Andy, *in* MISSA, Jean-Noël, et NOUVEL, Pascal (2007), « Current anti doping policy : a critical approach », BMC Medical Ethics, 8, http://www.biomedcentral.com.

KEIL, Patrick (2009), *Du barreau aux barreaux : la descente aux enfers du juge de l'affaire Festina*, Paris, Jean-Claude Gawsewitch.

KOPP, Pierre (2006), *Économie de la drogue*, Paris, La Découverte, coll. « Repères ».

LARRÈRE, Catherine, et LARRÈRE, Raphaël (2004), « Actualité de l'animal-machine », article publié en ligne, http://www.sens-public.org.

LATOUCHE, Serge (2013), *Jacques Ellul, contre le totalitarisme technicien*, Neuvy-en-Champagne, Le Passager clandestin.

LAURE, Patrick (2004), *Histoire du dopage et des conduites dopantes : les alchimistes de la performance*, Paris, Vuibert.

– (2000), *Dopage et Société*, Paris, Ellipses.

LORET, Alain (2004), *Concevoir le sport pour un nouveau siècle*, Voiron, Presses universitaires du sport.

– (1995), *Génération Glisse*, Paris, Autrement.

MANIFESTE CONVIVIALISTE (2013), *Déclaration d'interdépendance*, Lormont, Le Bord de l'eau.

MAURON, André (2011), « Le dopage et (est ?) l'esprit du sport », *in* MISSA, Jean-Noël, et NOUVEL, Pascal (2011), *Philosophie du dopage*, Paris, PUF.

MCLAREN, Richard H. (2016a), « The independent person report to the president of WADA », 18 juillet.

MCLAREN, Richard H. (2016b), « The independent person 2nd report to the president of WADA », 9 décembre.

MIGNON, Patrick (2002), *Le Dopage : état des lieux sociologique*, Documents du CESAMES, Université Paris V-René Descartes, n° 10.

MISSA, Jean-Noël, et NOUVEL, Pascal (2011), *Philosophie du dopage*, Paris, PUF.

MISSA, Jean-Noël (2011), « Dopage, médecine d'amélioration et avenir du sport », *in* MISSA, Jean-Noël, et NOUVEL, Pascal (2011), *Philosophie du dopage*, Paris, PUF.

MONDENARD, Jean-Pierre DE (2013), « Et Dieu créa le dopage », *Quel sport ?*, 21-22 mai 2013.

– (2010), *Dopage dans le football. La loi du silence*, Paris, Jean-Claude Gawsewitch.

– (2004), *Dictionnaire du dopage. Substances, procédés, conduites, dangers*, Paris, Masson.

– (2000), *Dopage, l'imposture des performances*, Paris, Chiron.

– (1996), *Dopage aux Jeux olympiques. La triche récompensée*, Paris, Amphora.

–, et GARCIA, David (2009), *La Grande Imposture*, Paris, Hugo & Cie.

MORIN, Edgar (2016), « En guise de postface : en deçà et au-delà du politique », *in* CAILLÉ, Alain, et LES CONVIVIALISTES, *Éléments d'une politique convivialiste*, Lormont, Le Bord de l'eau.

NOUVEL, Pascal (2011), « Eero Mäntyranta. Un champion génétiquement (et naturellement) modifié », *in* MISSA, Jean-Noël, et NOUVEL, Pascal (2011), *Philosophie du dopage*, Paris, PUF.

ORLÉAN, André (2011), *L'Empire de la valeur. Refonder l'économie*, Paris, Seuil.

ORGANISATION INTERNATIONALE DE CONTRÔLE DES STUPÉFIANTS (2013), Rapport 2012, New York, Nations unies, janvier.

POLANYI, Karl (1944, 1983), *La Grande Transformation. Aux origines politiques et économiques de notre temps*, trad. C. Malamoud et M. Angeno, Paris, Gallimard.

PORET, Sylvaine (2006), « L'impact des politiques répressives sur l'offre de drogues illicites. Une revue de la littérature théorique », Paris, *Revue économique*, 5, 57.

PORQUET, Jean-Luc (2003), *Jacques Ellul, l'homme qui avait (presque) tout prévu*, Paris, Le Cherche Midi.

POUCHIEU, Camille, *et al.* (2013), « Sociodemographic, lifestyle and dietary correlates of dietary supplement use in a large sample of French adults : results from the NutriNet-Santé cohort study », *British Journal of Nutrition*, 100, 8, octobre.

POUND, Richard W., *et al.* (2015), « The Independent Commission Report #1. Report to the president of WADA of an independent investigation », 9 novembre.

PRZYSWA, Éric (2013), « Contrefaçons de médicaments et organisations criminelles », Rapport d'étude, Paris, Institut international de recherche anti-contrefaçon de médicaments, septembre.

QUEVAL, Isabelle (2004), *S'accomplir ou se dépasser. Essai sur le sport contemporain*, Paris, Gallimard.

REDEKER, Robert (2012), *L'Emprise sportive*, Paris, François Bourin.

SANSON, André (1893), *Traité de zootechnie. Zoologie et zootechnie générales*, Paris, Librairie agricole, t. 1, 3e éd.

SAVULESCU, Julian, FODDY, Barnette, et CLAYTON, Megan (2004), « Why we should allow performance enhancing drugs in sport », *British Journal of Sports Medicine*, 38, http://www.bjsportmed.com.

SÉNAT (2013), *L'Efficacité de la lutte contre le dopage*, Paris, Le Rapport, t. I ; t. II, annexes, 17 juillet.

SJÖQVIST, Folke, GARLE, Mats et RANE, Anders (2008), « Use of doping agents, particularly anabolic steroids, in sports and society », *The Lancet*, 371 (9627).

SORBONNE et ICSS (2014), « Protéger l'intégrité de la compétition sportive. Le dernier pari du sport moderne », Paris, Rapport de l'université Paris I-Panthéon Sorbonne et de l'International Center for Sport Security, mai.

SPORT ET VIE (2005), « Génétique, le débat est ouvert », Dijon, Éditions Faton, n° 88.

– (1998), « 30 ans de sciences du sport », Dijon, Éditions Faton, hors-série n° 8, juillet.

STRIEGEL, Heiko, *et al.* (2006), *Drug and Alcohol Dependence*, Elsevier, 81, 1.

TESTART, Jacques (2015), *L'Humanitude au pouvoir. Comment les citoyens peuvent décider du bien commun*, Paris, Seuil.

– (2013), « Une autre forme d'eugénisme », *in* dossier « L'homme augmenté c'est déjà demain », *Politis*, n° 1263/65, juillet-août.

USADA (2012), « U.S. Postal Service pro cycling team doping conspiracy », 10 octobre.

VAYER, Antoine, PORTALEAU, Frédéric, HUBY, Stéphane, et MONDENARD, Jean-Pierre DE (2013), « Tous dopés ? La preuve par 21 ! », Alternativ Éditions, http://www.alternativeditions.com.

VIGARELLO, Georges (1988), *Une histoire culturelle du sport*, Paris, Revue EPS-Robert Laffont.

–, (2002), *Du jeu ancien au show sportif*, Paris, Seuil.

YONNET, Paul (1998), *Systèmes des sports*, Paris, Gallimard, NRF.

Table

Des mêmes auteurs

The Political Economy of Professional Sport
(traduction de Gerry Goodman)
Cheltenham, Edward Elgar, 2010

Économie politique du sport professionnel
L'éthique à l'épreuve du marché
Vuibert, 2007

Economia do Esporte
(traduction de Maria Leonor Loureiro)
Sao Paulo, EDUSC, 2005

Économie du sport
La Découverte, coll. « Repères », 2001, 3e éd. 2012

Analyse économique du sport
PUF, 1998

De Jean-François Bourg

Contribution à une analyse économique
des marchés du sport professionnel
Une mise en perspective théorique et empirique
Villeneuve d'Ascq, ANRT, 2014

Clubs sportifs et collectivités territoriales
Enjeux, modèles, partenariats, stratégies
(avec Jean-François Nys)
Presses universitaires du sport, 2006, 5e éd. 2012

Les Enjeux économiques du sport en Europe :
financement et impact économique
(avec Wladimir Andreff, Bénédicte Halba et Jean-François Nys)
Conseil de l'Europe, Dalloz, 1995

Le Sport et la télévision : relations économiques
Pluralité d'intérêts et sources d'ambiguïtés
(avec Wladimir Andreff et Jean-François Nys)
Dalloz, 1987

Salaire, travail et emploi
dans le football professionnel français
Fédération française de football/Ligue nationale de football, 1983

De Jean-Jacques Gouguet

Manifestations équestres et développement local
Les Haras nationaux (IFCE), 2016

Le Sport spectacle en danger
(sous la direction de)
Bruxelles, De Boeck, 2015
n° spécial Reflets et Perspectives de la vie économique, *n° 3*

Événements sportifs
Impacts économique et social
(avec Éric Barget)
Bruxelles, De Boeck, 2010

De l'évaluation des grands événements sportifs
La coupe du monde de rugby 2007 en France
(avec Éric Barget)
Limoges, PULIM, 2010

Le Sport professionnel après l'arrêt *Bosman*
Une analyse économique internationale
(sous la direction de)
Limoges, PULIM, 2004

Sport et développement économique régional
Analyse théorique. Cas pratiques
(avec Jean-François Nys)
Dalloz, 1993

RÉALISATION : PAO ÉDITIONS DU SEUIL
IMPRESSION : CPI FRANCE
DÉPÔT LÉGAL : AVRIL 2017. N° 116196 (140136)
Imprimé en France